ユニバーサル音楽授業 ②

スパッと効果！どの子も歌う支援スキル

関根朋子・中越正美
《編》

学芸みらい社

まえがき

　授業は「音楽の授業から崩れる」という話をよく耳にする。「音楽の授業」では「授業規律」や「統率力」が特に必要とされる。そのクラスの状態がよくも悪くも見えてしまうのが「音楽」の授業なのである。
　「音楽」授業成立の鍵を握っているのが特別支援の子どもたちである。特別支援の子どもを含めた、子どもへの正しい対応を知っているかどうかがポイントとなる。
　例えば、手いたずらしている子どもがいるとしよう。
　「何をさわっているの！　やめなさい」と言うのはあまり好ましくない指導だ。
　子どもの自己肯定感が下がり、やる気の低下を招く。
　子どもがものを触るのが気になるなら、不要なものはしまわせて、使うときに出させればよい。
　この件を考える際、何より重要なのは、「ものを触ることで安心感を得ている」という本人サイドの心身の状態を教師がわかっていることである。欧米では必要があれば「センサリーグッズ」と呼ばれる、心や気持ちを安定させるための小物（ボールやスポンジ等）を持たせている。センサリーグッズを触ることで「不安な気持ち」が安定し、落ち着いて勉強に取り組めるようになる。このようなことは、科学的な研究から解明され、世界中で商品化されている。
　こういう事実を知っているのと知らないのとでは、子どもへの対応が大きく違ってくる。
　特別支援の子どもたちも音楽を楽しみ、音楽を「生涯の友」としたいのである。
　その基礎を、学校で、音楽の授業を通し、築いていただきたい。

　本著実践は、通常発達の児童にとっても優しい指導であることも強調したい。
　スモールステップによる指導、できたらほめる指導、活動から入る指導は、どの子も自己肯定感を高く保ちながら進めることができる。楽しい、わくわ

くする、もっとやりたいという子どもの楽しい気持ちが長続きする。

　本書では、各ページに「どの子も歌う！ユニバーサルポイント」を示した。
　何気ない活動を一つ入れるのと入れないのでは、子どもの活動や力の定着が大きく変わる。
　例えば、「歌います」と、「まず聴いて、その後歌います」では、子どもへの定着が全く違ったものになる。
　「『まず聴いて』相手のやったことをまねる」ことは重要である。
　子どもは親の言動を見てまねて育ち、教育は「まねぶ」からスタートする。
　まずまねをさせ、それを元にスモールステップで精度を上げていく。毎回まねをさせることで、相手を注視する習慣が身につく。
　一方、こういう基本的なことを意識せずに指導すれば、肝心な部分が身につかずに過ぎてしまう。特に、発達に偏りのあるお子さんの場合、「まねる」ことがまず難しい。時間がかかる。「まねすること」ひとつ意識させるのとさせないのでは、教育の効果が大きく変わってしまう。
　また、一部原稿では、指導の流れをフローチャートで表してある。「指導の流れ」を視覚化することで、「プログラミング的な思考」を先生方自身がイメージしやすいと考えたからだ。

　特別支援の子どもを含めた学級で、楽しく進められる「音楽指導」を記したのが本著である。
　実際の子どもたちへの対応を通し効果があり、子どもが変容した実践をベースに書かれている。
　「子どもの事実」に基づいて書かれてあるのだ。
　もちろん、特別に支援の必要なお子さん一人一人に個性があり、対応は異なるだろう。
　しかし、先生方にとって「有効な指導ヒント」となることを確信している。

2018年11月

　　　　　　　　　　　　　　　　　　　　　　　　　　関根　朋子

目　次

まえがき　2
序　どの子も歌う！ユニバーサル音楽授業　　小嶋　悠紀　8

 身体活動で楽しさ満開！！

(1) 音楽に合わせて!!楽しいことがいっぱい!!

1　リトミック１—音楽に合わせて、歩け歩け……10
2　リトミック２—特別支援学校編・音楽に合わせて、歩け歩け……12
3　肩たたき—音楽に合わせて（１人で、２人で、たくさんで）……14
4　お手合わせ—友達と一緒にやれば楽しさ満開……16
5　２人で楽しく　おどって、歌って、創作も!!—一拍にのって
　　　　　　楽しくおどる・歌う・つくる……18
6　みんなで楽しく１—音楽に合わせて楽しもう　クラスみんなで
　　　　　　輪になって……20
7　みんなで楽しく２—音楽に合わせて楽しもう　特別支援学校編……22
8　音楽に合わせて１—おどる、歌う、楽器にもチャレンジ……24
9　音楽に合わせて２—音楽に合わせて、いろんな活動を楽しもう……26

(2) わらべ歌で遊ぼう

10　２人でわらべ歌遊び１—「十五夜さんのもちつき」……28

- 11　2人でわらべ歌遊び2 ―「おちゃらか　ほい」……30
- 12　2人でわらべ歌遊び3 ―「お寺のおしょうさん」……32
- 13　2人でわらべ歌遊び4 ―「あんたがたどこさ」……34
- 14　みんなでわらべ歌遊び1 ―「ずいずいずっころばし」……36
- 15　みんなでわらべ歌遊び2 ―「かごめかごめ」・「うみ」……38
- 16　みんなでわらべ歌遊び3 ―「お客様」……40
- 17　みんなでわらべ歌遊び4 ―「からすかずのこ」……42

II　どの子にも優しい歌唱指導

- 18　振り付け歌い1 ―みんなかわいい「こぎつね」コン！……44
- 19　振り付け歌い2 ―おどって、歌って、イメージ豊かに……46
- 20　振り付け歌い3 ―まねっこができたら、自分でつくろう……48
- 21　振り付け歌い4 ―入学したばかりの1年生も歌えた……50
- 22　イラストフラッシュカード ―歌詞を覚える負担が少し減る……52
- 23　まねっこ歌い1 ―お手本は先生のアカペラで……54
- 24　まねっこ歌い2 ―CDに合わせて歌えるようになる……56
- 25　覚えて歌おう1 ―交互歌い、○抜き歌いなどで楽しく……58
- 26　覚えて歌おう2 ―名詞を切らずにまとまりとして歌う……60
- 27　思いや意図を持って歌おう1 ―曲の山を見つけて工夫しよう……62
- 28　思いや意図を持って歌おう2 ―歌の始め・歌の終わりの歌い方を工夫しよう……64
- 29　特別支援学級での歌唱指導 ―「北風小僧の寒太郎」が歌えるまで……66

どの子も歌えるようになる、この配慮！

30 音がはずれる子1 ―恥ずかしい思いをしている子への配慮……68
31 音がはずれる子2 ―2部合唱に挑戦するまでの支援……70
32 声の調節がうまくできない子1 ―声の調節がうまく
  　できない子への配慮……72
33 声の調節がうまくできない子2 ―変声期を迎えた子は
  　「ダンディーズ」……74
34 集中して聴けない子1 ―役割分担などして歌うと、集中できる……76
35 集中して聴けない子2 ―視覚支援も時には必要……78
36 歌わない子1 ―歌いたいけど自信がなくて歌えない子への配慮……80
37 歌わない子2 ―歌えない状態の的確な見取りを……82

 楽しい!! ノンストレスの合唱指導

38 声づくり1 ―歌声返事・歌声リズム唱・『発声体操』①（1学期用）……84
39 声づくり2 ―いつの間にか歌う声づくりオールインワン!!
  　『発声体操』②……86
40 声づくり3 ―唱歌で作ろう！ 歌う声～ハミング編……88
41 声づくり4 ―唱歌で作ろう！ 歌う声～鯉のぼりの口編……90
42 合唱はじめの一歩1 ―中学年から始める合唱
  　～パートナーソング……92

43 合唱はじめの一歩2 —中学年から始める合唱
　　　　〜輪唱「ゆうやけこやけ」……94
44 合唱はじめの一歩3 —中学年から始める合唱
　　　　〜輪唱「ほたるこい」……96
45 合唱はじめの一歩4 —メロディーを覚えるとハモりも素敵になる……98
46 ちょこっとハモり1 —主旋律を覚えて歌えるようにしておく！……100
47 ちょこっとハモり2 —曲の一部分だけをハモろう—3部合唱……102
48 音楽会：合唱練習の進め方1 —練習開始までの準備と
　　　　オススメ曲……104
49 音楽会：合唱練習の進め方2 —各パートの歌わせ方……106
50 音楽会：合唱練習の進め方3 —普段の授業がここで効く！
　　　　いつのまにかハモってる……108
51 音楽会：合唱練習の進め方4 —どの子も巻き込む練習の進め方……110
52 音楽会：合唱練習の進め方5 —仕上げは、指導者の思いを
　　　　入れて……112

序　どの子も歌う！　ユニバーサル音楽授業

　「授業のユニバーサルデザイン」とは、「どのような子どもたちにも『取り組み易さ』があることである」
　もちろんその中には、発達障がいを持つ子どもたちも含まれている。
　本書は「どの子も歌う！　ユニバーサル音楽授業」である。
　TOSS音楽の先生方の歌唱指導、合唱指導、そして、音楽の授業は、まさに「ユニバーサルデザイン」であるといってよい。
　様々な実践報告でも、発達障がいを持つ子どもたちが、熱中して音楽の授業に取り組む姿が報告されている。
　本書でも詳しく紹介されているが、「どの子も歌うために必要なユニバーサルデザイン」の共通点を下記に述べる。

①　圧倒的安心感のある授業経営

　まずは、様々な指導法などの前に「安心感」があることが重要だ。「歌を歌う」というのは、発言などをする「音声出力」と意味が大きく違ってくる。
　「意味のある言葉を音程に乗せて歌唱する」というのは、発達障がいを持つ子どもたちにとって大きなハードルである。
　そのようなハードルの高さの課題に対して、「いつも叱られる」「いつも注意される」「音程の違いを執拗に責められる」ことが続いたらどのようになってしまうだろうか。
　子どもたちが萎縮してしまい、声を出すこと自体に不安感を抱いてしまう。
　まずは「ほめる」、「とにかくほめる」「ほめてほめてほめまくる」ことだ。
　「声に出していいんだ」「声に出すと認められる」「声を出すと先生がかならずほめてくれる」
　この安心感は、音楽の授業では授業経営のベースになっていく。この圧倒的な安心感のベースが誰でも歌えるユニバーサルデザインの土壌となる。

② 「視覚」「聴覚」「体性感覚」様々な入力方法で音楽を教える

　音楽はどうしても「聴覚情報」に頼りがちになってしまう。
　しかし、教室の中の子どもたちには、様々な感覚優勢の子どもたちがいる。「視覚優位（目で見て学習する）」「聴覚優位（耳で聞いて学習する）」「体性感覚優位（体で学習する）」など大雑把に分けても３種類の子どもたちがいることになる。
　TOSS音楽の授業の特徴は、まず「模倣」が多いことが挙げられる。細かな模倣をさせていくことで、聴覚優位の子どもたちは上手に模倣をして歌うことができる。
　さらにTOSS音楽の授業は「視覚支援」が豊富である。
　音符や楽譜の他に、様々工夫された「視覚支援教材」を用いることで、「視覚優位」の子どもたちも歌いやすくなる。
　そして、最大の特徴は「体を使って歌うパーツ」の多さである。感覚統合の理論と方法を長年研究されて、TOSS音楽の指導法と見事に融合されている。
　このことで体性感覚優位の子どもたちも熱中して歌うことができるようになっていく。
　本書には、音楽が苦手な子どもを受け持つ先生方が多大なヒントを得るように、構成されている。ぜひ一つずつ実践していってほしい。

　　　　　　　　　　　　　　　　　　　　　　　　　　小嶋　悠紀

身体活動で楽しさ満開!!

（1）音楽に合わせて!! 楽しいことがいっぱい!!

【山内桜子】

リトミック1
―音楽に合わせて、歩け歩け―

　リトミックの最初は「歩くリズム」から始める。リズムに合わせて歩くやり方がわかったら、「走るリズム」や「スキップするリズム」を追加していく。曲の途中でリズムを変えて、急な変化を楽しみながら活動する。バリエーションやバージョンアップを少しずつ加えながら楽しむ。

> 対象学年：低学年
> 所要時間：1コマ2分程度（子どもが「もう少しやりたいな」と思うくらいでやめる）

❶ 簡単リトミックバージョン
　教室の椅子や机を壁側によせるなどすると広々と活動できるが、狭いところで相手の動きを察知しながら動くのも子どもたちは好きだ。
①歩くリズム：四分音符を中心にして弾く。

②走るリズム：八分音符を中心に　　③スキップするリズム
　（左手は歩くメロディと同じ）。　　　：付点音符にして。

―★どの子も活動する!! ユニバーサルポイント★―
・最初は「この音楽の時は走るね」などと知らせておくとうまくいく。
・何パターンか録音しておくと、教師も一緒に動くことができるので、リズムに足を合わせる感じなど手本を示しやすい。
・このタイプの活動が苦手な子とは、手をつないでやるとよい。毎回同じ子とつながない等の配慮は必要である。

❷ 簡単バリエーション
①速度を変えて、速く歩いたり、ゆっくり歩いたりする。
②音量を変えて、ドスドス歩いたり、そおっと忍び足で歩いたりする。
③左手を弾かず右手だけを弾いたらケンケンする。

I 身体活動で楽しさ満開!! 11

❸ 楽しいバージョンアップ
①**グリッサンド**：上行グリッサンドで伸び上がる。下降グリッサンドでしゃがみ込む。

②**キラキラ**：速い音型で両手を上にあげてキラキラさせる。

③**組になる**：（※１）２回鳴ったら２人組、（※２）５回鳴ったら５人組（スタッカートの部分）。
　組になったら、手をつないで歩いたり、下記の「音楽をいったん止めて楽しむ小さなパーツ」で楽しむ。

── ★どの子も活動する‼ ユニバーサルポイント★ ──
・組になる活動が苦手な子もいる。近くにペアになる人がいなかったら３人組でもいいんだよ。近くのグループに「入れて」って言ってごらん。「入れて」と言われたら「いいよ」って入れてあげるんだよ、と声掛けしたい。
・まだグループになれていない子には「いっしょにしよう！」って言ってあげるんだよというのもよい。

❹ 音楽をいったん止めて楽しむ小さなパーツ
①**おちゃらか**：曲を急に止めて「おちゃらか　おちゃらか〜」と教師が歌いだすと、子どもたちは手遊びを始める。うまく始まらない時は、教師が近くにいる子と手遊びしてみせるとまねをしてみんな始める。
②**じゃんけん**：曲を止めて「さいしょは……」と言う。教師は子どもたちの方に向かってグーを出してから「グー、じゃんけんぽん！」とみんなでじゃんけんする。ペアやグループになっている場合は、子ども同士でじゃんけんしてもよい。
③**なべなべそこぬけ**：２人組になったら「なべなべ〜」と歌いだすと、子どもたちは自然となべなべそこぬけを始める。３人組以上で、くるりんぱの仕方を工夫するのも楽しい時間になる。

── ★どの子も活動する‼ ユニバーサルポイント★ ──
・ペアやグループになってする活動では、力加減がわからない子がいる。教師がその子と組んで、「やさしく、そぉっとするんだよ」と力加減を身をもって教える。

【豊田雅子】

リトミック2
―特別支援学校編・音楽に合わせて、歩け歩け―

　音楽に合わせて歩くことから始まるリトミックは、特別支援学校では、そのパーツを、①拍に乗って歩くこと②速度の変化を感じ取り拍に乗って歩くこと2段階に分けて取り組む。どの子もできるようになる鍵は、細分化である。

教材：「10人のインディアン」「きらきら星」「J-pop」
対象学年：発達段階で歩行が可能な児童・生徒
所要時間：毎時間取り組む
準備物：ピアノ
場所：教室または音楽室

---

❶　拍に集中する
【第一段階】拍に合わせて歩くことに気づかせる。
①ピアノのリズムは、児童生徒の歩行の速さに合わせる。
②拍に合わせて歩くよい見本を見せ、その歩行がピアノのリズムと合っていることに気づかせる。
T：〇〇さん、立ちましょう。歩きます。♪〇〇さんの歩き方を見本として見せる。
T：〇〇さんのどこがよかったですか？
C：ピアノのリズムと〇〇さんの歩行が合っていました。
T：〇〇さんの良いところをまねして歩きましょう。
【第二段階】拍に乗って歩けるようになる。
①児童生徒がピアノのリズムに合わせて歩く。
②合わせて歩けるようになったら、速度を変化を感じ取らせる。
　・行進の速さで　・宇宙遊泳のようにゆっくりと
　・ちょこちょこ走りのりすのように
　速度を変え、拍に集中して歩行を合わせられるようピアノを工夫して弾く。

―――★どの子も歌う!! ユニバーサルポイント★―――
・拍に集中できるようにピアノをビート主体にする。
・児童生徒の歩行にピアノを合わせる。
・手本を示し、まねさせる。
・まねできていることをほめる。
・拍に集中させ、速度を変化させて、ピアノに合わせられるようにしていく。

❷ リズムや音の変化

　速さの変化を感じ取り、拍に乗って歩けるようになったら、リズムや音の変化を加える。

　スキップリズム、グリッサンドは回転する、トレモロは手をひらひらさせる、高い音はつま先で歩く、低い音はしゃがんで歩く、等である。

♪♪ ♪♪ ♪♪ ♪♪　このリズムが鳴ったら、スキップをします。

下記のように途中、スキップリズムを入れながら演奏する。

★どの子も歌う!! ユニバーサルポイント★

・拍に集中できるようにピアノをビート主体にする。
・手本を示し、まねさせる。
・まねできていることをほめる。
・新しいリズムは1つだけを示す。
・1つやってから、いくつかを混ぜて行う。

グリッサンド　　低い音　　トリル　　高い音

【牛田美和子】

③ 肩たたき
―音楽に合わせて（1人で、2人で、たくさんで）―

　準備するものなし。時と場所も選ばない。いつでもどこでも、リズムに乗って自分の肩をとんとん。歌に合わせて、とんとんとんとん。楽しくて、笑顔が広がる。友達と一緒に肩たたきで遊ぶ。どんどんバリエーションは広がっていく。

教材：「どんぐりころころ」「かえるのうた」「さんぽ」
対象学年：2年
所要時間：5コマ計画　＠3分×3コマ・5分×2コマ
準備物：音源
場所：教室または音楽室

❶　肩たたきのリズムを知らせる　コマ1・2・3：＠3分

左肩1　2　34　　5　6　7　8	右肩1　2　34　　5　6　7　8
どんぐりころころ　　どんぶりこ	おいけに　はまって　さあ　たいへん

左肩1　2　3　4	右肩1234	左肩12	右肩12	左肩1右肩1	ポンウン
どじょうがでてきて	こんにちは	ぼっちゃん	いっしょに	あそびましょ	

ステップ1
　「どんぐりころころ」の曲に合わせて、自分の肩を自分で叩く。
　　8回　　左肩を叩く。
　　8回　　右肩
　　4回　　左肩
　　4回　　右肩
　　2回　　左肩
　　2回　　右肩
　　1回　　左肩
　　1回　　右肩
　　ポン　両手でポン　☆1

Ⅰ　身体活動で楽しさ満開!!

ステップ2
　2人ペアで、友達の肩を優しく叩く。
　力を入れすぎて、友達が困っていないか、表情を見るように声をかける。
☆2

ステップ3
　曲を「かえるのうた」に変えて、横に並んだ友達の肩を優しく叩く。
☆3

──★どの子も歌う!!　ユニバーサルポイント★──
☆1　うまくできない子には、二人羽織の要領で一緒にやる。
☆2　「相手の表情を見て合わせること」がポイント。
☆3　曲の変化を予告する。「曲が変わるよ」と言ってから始める。

❷　「さんぽ」の曲に合わせて、大きな輪になって歌う　コマ4・5：＠5分

ステップ4
　「さんぽ」歌入りの曲に合わせる。
☆4

ステップ5
　8・8・4・4・2・2・1・1のリズムで、向きを変えて歌う。
☆5

──★どの子も歌う!!　ユニバーサルポイント★──
☆4　歌詞が覚えにくそうなら、歌詞を示してもよい。
☆5　向きを変えるのが難しそうなら、さりげなく傍で寄り添い一緒に歌う。

お手合わせ
—友達と一緒にやれば楽しさ満開—

【中越正美】

　楽しくやっているうちに力がつくお手合わせ。どの子も一瞬にして巻き込んでしまう。とんぱんとんぱん2拍子。とんたんぱんとんたんぱん3拍子。先生のまねをしてできるようになったら、お友だちと一緒にやってみよう。拍に乗る力、人に合わせる力が育つ。

教材：2拍子・3拍子の曲	対象学年：低学年（1・2・3年）
所要時間：@3分毎授業時間	準備物：音源

❶　2拍子お手合わせ〜とん・ぱん〜 2拍子の曲に合わせてとんぱん〜☆1

基本形

 ⇔

とん（拍手）　　　ぱん（お手合わせ）

❷　3拍子お手合わせ〜とん・たん・ぱん
　〜3拍子の曲に合わせて、とんたんぱん〜
基本形

とん（ひざうち）
たん（拍手）
ぱん（お手合わせ）

曲に合わせて、お手合わせを楽しむ		
教科書掲載2拍子の曲（教育芸術社刊）		
1年	かたつむり・しろくまのジェンカ・ぶんぶんぶん・どんぐりさんのおうち・ひのまる・シンコペーテッドクロックなど	
2年	かくれんぼ・はしの上で・この空とぼう・山のポルカ・虫のこえ・ゆうやけこやけ・小ぎつね・なべなべ・どこかで・トルコ行進曲など	
3年	ゆかいな木きん・山のポルカ・ちびっこカウボーイ・ミッキーマウスマーチ	
教科書掲載3拍子の曲（教育芸術社刊）		
1年	うみ・とんくるりんぱんくるりん・おどるこねこ	
2年	たぬきのたいこ・かっこう・いるかはざんぶらこ・海とおひさま・	
3年	あの雲のように・メヌエット・歌おう声高く・鐘・エーデルワイス	

★どの子も歌う!! ユニバーサルポイント★

☆1　①「とんぱんとんぱん……」唱えるだけ。動作はつけない。
　　　②「とん（拍手）ぱん（先生とお手合わせのつもり）」動作をつけて唱える。
　　　③2人組で向かい合って、「とんぱんとんぱん」と唱えながらお手合わせ。
　　　④3拍子も同じ。いきなり2人組ではやらない。①〜③の順でやる。

Ⅰ　身体活動で楽しさ満開!!　17

❸　常時活動に組み込んだお手合わせ～音指示で動く～　＠3分

T：曲に合わせて歩きます。☆2
　　拍の流れがはっきりとわかる曲に合わせて歩かせる。
T：（曲を止めて）聴こえた音の数と同じ人数で集まります。
　　曲が止まったら、歩くのをぴたっと止めさせる。
　　2人でお手合わせなら、2つ音を鳴らす。☆3
　　2人組を作らせる。
T：お手合わせ。☆4
　　2拍子、3拍子いずれかの曲を流し、お手合わせをさせる。
T：何拍子？
　　曲を聴いて、お手合わせをして感じ取った拍子を言わせる。
T：‥‥‥‥。☆5
　　指示の言葉はなし。歩くときの曲を流す。歩き始めた子を大いにほめる。

> ピアノなどで弾く。音源使用ならiPadなどタブレットが良い。音楽を流す・音を止めるが瞬時にできる。空白を作らないで授業を進めることができる。

演奏速度などいろいろ変化させられる
iPhone アプリ
Slow player

★どの子も歌う!!　ユニバーサルポイント★

☆2　拍の流れに乗って歩けない子がいるときは、2人組で手をつないで歩く。
　　　相手に合わせることで、拍の流れに乗って歩くことができるようになる。
☆3　楽しいことが始まるための合図。音の指示を聴く。
☆4　2人でお手合わせすることで、拍の流れに乗れない子は修正される。
　　　何拍子かわからない子も相手に合わせることで、わかるようになる。
☆5　『音で指示』がよい。「音が鳴ったら動く」「音が止まったら止まる」ことに慣れさせる。

❹　慣れてきたら……

①人数を変化～2人組から多人数へ～
　「ぱん」の部分を、2人組の向かい合ったお手合わせから、両手を広げてお隣さんとのお手合わせに変化させる。
　大きな輪っかを作れば、何人とでもつながることができる。お互いの顔を見合わせてお手合わせを楽しむ。2人でお手合わせより以上に「人と合わせること」が上手になる。

②リズムを変化
　何度も遊ぶうちに、リズムを変化させて遊ぶペアが出てくる。拍の流れをとらえ、変化を楽しむことができる。
　【2拍子お手合わせリズム変化】

【柳沢やよい】

2人で楽しく　おどって、歌って、創作も!!
―拍にのって楽しくおどる・歌う・つくる―

おどっておどって、身体活動をたっぷり楽しんだあとは、旋律が体に浸みこんでいるのであっと言う間に歌えてしまう。おどって、歌って、オリジナルの歌だって創れてしまう。フォーマットを示せば、どの子もできる。

教材：「キラキラ　おひさま」町田浩志作詞／町田浩志作曲
　　　　　　　　　　　　　　　（教育出版「おんがくのおくりもの3」）
対象学年：3年　　所要時間：6コマ計画　@1分×4コマ・@3分×2コマ
準備物：音源・リズム楽譜（言葉で示した基本形図）

---

❶　振りをつけて歌えるようになる　コマ1・2・3・4：@1分間
コマ1　振りをつけて歌う。
T：まねをします。
　　　短いフレーズをおどってみせてまねさせる。歌わせる。☆1

　おひさま　　　キラキラ　　　おおきな　　　えがおだね　　　♩　　　♩
（両手を下からあげる）（上からひらひら）　　　（人差し指を頬につけて笑顔）（手拍子）（手拍子）

コマ2　T：ペアになって歌います。☆2
コマ3
T：変わります。手拍子のところは、お手合わせをします。☆3
　　　お手合わせをして、3回繰り返し歌う。お手合わせをすることで2回目の頭、
　　　3回目の頭がしっかりそろえて入ることができる。
コマ4
T：次は、歩き回って歌います。手拍子のところは、すれ違った人とハイタッチします。☆4
　　3回、繰り返し歌う。その間にたくさんの仲間とハイタッチをすることになる。
　　笑顔でコミュケーションをはかる。

★どの子も歌う!!　ユニバーサルポイント★

☆1　アカペラ（無伴奏）で歌いながらおどってみせる。
☆2　ペアになることでリズムが矯正される。
☆3　予告をしてから変化させる。お手合わせでリズムが矯正される。
☆4　曲に合わせて歩き、♫のところはハイタッチ。笑顔で楽しさ倍増。

Ⅰ　身体活動で楽しさ満開!!　19

❷　創作して楽しく歌う　コマ5・コマ6：＠3分間
コマ5
T：輪になります。
　　クラス全員で、大きな輪をつくる。
T：「おひさま」のところにお友達の名前を入れ歌います。
T：先生がお手本をします。

T：♪ゆうちゃん、きらきら‥‥♪

創作①：基本型
○○ちゃん（くん）　キラキラ　おおきな　えがおだね
例「ゆうちゃん　キラキラ　おおきな　えがおだね」

教師から始める。
次は、名前を入れて歌われた子が歌う。
この要領で、リレーのように次々と歌っていく。
歌い終わった子は、その場に座っていく。誰が歌って、誰が歌っていないかがわかる。一人一回だけ歌える。
歌い終わった子が何もすることがないという隙間時間をつくらないために、♪♪のリズムのところは、全員が手拍子を入れる。☆5

C2：つぎは、私だ‥

C1：歌い終わった～。座って手拍子しよう。

コマ6
T：次は名前と「おおきなえがおだね」と2つ考えて歌います。

創作②：基本型
○○ちゃん（くん）、キラキラ □□□□□□□
例「まゆちゃん　キラキラ　かわいいえがおだね」
　「ゆうくん　キラキラ　かっこいい　シューズだね」等

教師が、何パターンかやって見せる。
創作①のように、リレー方式で拍にのりながら歌っていく。☆6
途切れないように歌わなければいけないので緊張感が増す。更に楽しい雰囲気になって盛り上がる。

★どの子も歌う‼ ユニバーサルポイント★

☆5　輪になって互いの顔を見合い、拍の流れが途切れないように歌わせる。
　　　また、拍手を入れる動きで、最後まで飽きずに参加できる。
☆6　自分で考え、創作させる。2カ所を考えて歌わせる。歌う前に教師の方で
　　　何パターンか歌って聞かせることで、どの子もイメージでき歌いやすくなる。

みんなで楽しく1
―音楽に合わせて、楽しもうクラスみんなで輪になって―

歌ってもおどっても、「楽しい!!」の声が起こる「ドレミの歌」。簡単な身体活動で身体ほぐしを終えたら、「たけのこ歌い」で楽しく歌を覚えよう。歌に合わせておどりをつくり、クラスみんなで楽しもう。

教材：「ドレミの歌」ペギー葉山日本語作／リチャードロジャース作曲（教育芸術社2年）
対象学年：2年　　所要時間：5コマ計画　＠5分×3コマ　10分×2コマ
準備物：音源　　　場所：教室または音楽室

---

❶ 歌えるようになる　コマ1・2・3：＠10分

ステップ1：歌う	ステップ2：たけのこ歌い
曲に合わせて体を揺らしながら楽しく歌う。☆1　コマ1	「ド」「レ」「ミ」「ファ」「ソ」「ラ」「シ」の歌詞からすきな場所を1つ選ぶ。中心を向いて座り、選んだ場所にきたら立って歌う。☆2　コマ2

ステップ3：歌う場所を増やす
歌いたい場所を2つに増やす。最後の「さあ歌いましょ」は全員立って歌う。
☆3

★どの子も歌う‼　ユニバーサルポイント★
☆1　親しみのある曲なので、歌詞を見ずに歌える。わからないところは歌詞を見てたしかめる。楽しそうに教師も一緒に歌う。
☆2　国語の音読でたけのこ読みをしているとイメージしやすい。どこで歌うか確認してから歌う。最初の「ド」を歌う子は最初から立たせておく。
☆3　立つタイミングを教師が合図する。
　　1曲をみんなで歌ったことをほめる。

Ⅰ　身体活動で楽しさ満開!!　21

❷　1番の振り付けをつくる　コマ4：10分
T：グループをつくります。☆4
　　4人グループをつくる。
T：1番の歌に合わせ振り付けをつくります。☆5
　　「ド」〜「シ」まで、グループごとに担当を決めて、歌詞に合わせた振り付けをつくる。
　　　例：「ド」を担当するグループ⇒『ドーナツのド』に振りを付ける。
T：歌う番になったら立ちます。振り付けをして歌います。☆6
　　輪になって座る。皆の振り付けが見えるようにする。
　　自分たちのグループの番がきたら、立って振り付けをして歌う。
T：友だちが作った振り付けをまねします。「ド」から始めます。
　　「ド」から「シ」までいくつ選んでもよい。選んだ振り付けを、まねしておどれるように練習する。みんなで「ドレミの歌」を歌っておどって楽しむことを目指す。
T：音楽に合わせて、歌っておどります。☆7

──★どの子も歌う‼　ユニバーサルポイント★──
☆4　創作が初めてでも、4人で相談しながら進めることができる。
☆5　創作が苦手な子も、周りをまねして参加することができる。
☆6　アカペラ（無伴奏）で歌いながら進める。
☆7　音楽（CD）に合わせて、楽しくおどっていることを大いにほめる。

❸　2番の振り付けをつくる　コマ5：10分
T：2番の歌に合わせ振り付けをつくります。
　　1番と同様に進める。例：「ド」⇒『どんなときにも』に振りをつける。
　　子どもたちから楽しい振り付けが出たらすぐに取り上げて、皆に紹介する。☆8
T：歌う番になったら立ちます。振り付けをして歌います。
　　1番と同様に、2番も友だちが作った振り付けの中からいいなと思うものを選ぶ。
T：1番2番通して、歌っておどれるよう練習します。
　　「ド」から「シ」まで、振り付けを確認しながら進める。
T：みんなで、歌っておどりましょう。
　　音楽に合わせて楽しむ。

──★どの子も歌う‼　ユニバーサルポイント★──
☆8　2番の歌詞には抽象的な言葉（♪どんなときにもなど）が含まれている。そこが難しくて活動が停滞しているときは、他の子の振り付けを見せるとそれがヒントになる。

【豊田雅子】

みんなで楽しく2
―音楽に合わせて楽しもう 特別支援学校編―

音楽に合わせて、友だちと一緒に、手をつないでゆれたりお手合わせをしたりする。スモールステップで進めることで、微細運動ができるようになる。

教材：「Believe」「翼をください」「J-pop」等
対象学年：発達段階で歩行が可能な児童・生徒
所要時間：10分～15分
準備物：CD
場所：教室または音楽室

❶ 手をつないでゆれてみよう

友だちや教員と一緒に手をつないで揺れながら音楽を聴く。これだけでも楽しい。少しずつ活動を増やしていくうちに音楽の流れに乗れるようになっていく。

T：お隣と手をつなぎます。音楽を聴きます。
T：前後に揺らしながら聴きます。
T：左右に揺れながら聴きます。

―――★どの子も歌う!! ユニバーサルポイント★―――
・心地よさを重視する。
・一緒に揺れていることが大事。
・力加減が難しい児童生徒とは教員が入って加減する。

❷ 手合わせをしよう～お手合わせには段階がある～
①正面の相手と手合わせをする
　1) 正面の相手と両手でタッチ
　　自分の手を叩いてから、正面の相手と両手でタッチ。
　2) 交差でタッチ
　　自分の手を叩いてから、正面の相手と右手と右手をタッチ。
　　自分の手を叩いてから、正面の相手と左手と左手をタッチ。
②横の友だちと手合わせをする
　1) 右側の相手の左手にタッチする。
　　自分の左手は左側の相手にタッチされる。
　2) 自分の手を叩いてから、右側の相手の左手にタッチする。
　3) 左右を反対にする。

Ⅰ　身体活動で楽しさ満開!!　23

③両隣と手合わせをする
　1) 自分の両隣とタッチする。
　2) 自分の手を叩いてから、左右の相手の手とタッチする。

④手のひらや指の変化をつける
　タッチが上手になってきたら変化をつける。
・パーでタッチ・グーでタッチ・人差し指でタッチ・小指でタッチ

――――★どの子も歌う!!　ユニバーサルポイント★――――
・音楽に合わせて、粗大運動や微細運動に楽しく取り組むことができる。
・一人一人の実態に応じて、手合わせの段階を選択する。

❸　楽器を使ってみよう

　協応動作にぎこちなさがある児童生徒も、お手合わせがスムーズになる頃、拍に乗る力がつき、楽器を扱えるようになる。児童生徒の大好きな曲を使って、リズム楽器や鍵盤楽器を取り入れる。とっても楽しくなる。

1回目

> T：まねをします。♩♩♩𝄽　手を打つ。休符はバンザイ。
> T：曲に合わせてリズムを打ちます。
> T：タンバリンとカスタネットを使います。どちらかを選びます。
> 　　自分で持てない児童生徒は教員が持つ。
> T：曲に合わせてリズムを打ちます。

2回目

> T：まねをします。♩♫♩𝄽　ももを打つ。休符はバンザイ。
> T：太鼓をたたきます。バチの持てない児童生徒は手で打たせる。

3回目

> T：3つの楽器(リズム楽器などや鍵盤楽器)から自分のやりたい楽器を選びます。
> T：曲に合わせます。
> T：違う楽器を選びます。

――――★どの子も歌う!!　ユニバーサルポイント★――――
・リズム練習してから、楽器を持たせる。
・休符はバンザイにすると音が出ない。

音楽に合わせて1
―おどる、歌う、楽器にもチャレンジ―

【飯田清美】

音楽に合わせて、おどる、友だちと一緒におどる、一緒におどりを創る、さまざまな身体活動をしているうちに、3拍子がすっきりとわかってしまう。理屈ではない。体感させることが一番の近道だ。

教材:「かっこう」小林純一:日本語歌詞/ドイツ民謡(教育芸術社2年)
対象学年:2年　所要時間:7コマ計画　@5分×3コマ、10分×4コマ
準備物:音源・けんばんハーモニカ・カスタネット・タンブリン
場所:教室または音楽室

❶　3拍子に合わせてリズム、おどり　コマ1・2・3:@5分

ステップ1:1人で
曲に合わせて、3拍子のリズムを打つ。ひざ・手・手など。☆1

ステップ2:2〜3人で
友だちと3拍子のお手合わせ。最初は全員同じでひざ・手・手。☆2
次にペア同士で3拍子に合うお手合わせを考える。いろんな動きが出て、楽しさが倍増する。☆3

ステップ3:おどりをつくる
歌詞に合う動きをみんなで考えおどりをつくる。☆4
例:「かっこうかっこう」で鳥のように手を動かす。

★どの子も歌う‼ ユニバーサルポイント★

☆1　楽しくやってみせる。教師がゆっくりと歌いながらお手本を見せまねさせる。

☆2　「相手の手とやさしくトントンと合わせてね」がポイント。うまく合わせられないペアは、教師がその中に入って調整。

☆3　CDで曲を流しておき、3拍子に合う動きを2人で自由に考えさせる。「すてき」「おもしろいね」と声をかける。発表させてもよい。

☆4　「ここはどうする?」と子どもたちに聞きながら教師が中心となって動きを決めていき、まねさせる。

Ⅰ　身体活動で楽しさ満開‼　25

❷　歌う　コマ4：10分
T：先生と一緒に歌いましょう。☆5
　　CDに合わせて歌う。これまでの活動で、旋律が体に浸みこんでいる。
T：いろんなかっこうになって歌ってみましょう。☆6
　　「おとうさんかっこう」「赤ちゃんかっこう」「元気すぎるかっこう」「病気のかっこう」「お姉さんかっこう」といろいろな声で「かっこう」を歌う。
T：どのかっこうが一番すてきだったかな。
　　「お姉さんかっこう」になってもう一度やさしくきれいな声で歌う。
T：「かっこう」検定をします。
　　最初の「かっこう、かっこう」の部分だけを順に歌わせ個別評定する。☆7

❸　楽器で演奏する　コマ5、6：10分
①打楽器（カスタネット、タンブリン）
　1)「ひざ・手・手」で3拍子のリズム打ちをする。
　2)「ひざ」チームと「手」チームに分かれてリズムバッテリーをする。
　3)「ひざ」チームはカスタネット、「手」チームはタンブリンで打つ。
　4)音楽に合わせてリズム打ちする。→交代して
②けんばんハーモニカ
　1)まねぶき：ソミ・ソミ・を弾いて聞かせてまねさせる。音がそろうまで、数回繰り返す。☆8
　2)階名唱：「何の音だったかな」と聞き、弾いたところを階名で歌わせる。
　3)楽譜の確認：「教科書を見てみましょう」吹けるようになったところを、教科書の楽譜で探し、確認する。
　4)視奏：楽譜を見ながら弾く。

❹　コーナー学習　コマ7：10分
　歌、おどり、お手合わせ。リズム打ち、鍵盤ハーモニカのコーナーから好きなところを選び、音楽に合わせて活動する。☆9

★どの子も歌う‼　ユニバーサルポイント★

☆5　教師が一緒に歌い、旋律やリズムの曖昧なところも安心して歌えるようにする。
☆6　そのかっこうになりきって楽しい雰囲気で行う。
☆7　ひとりひとりの声を笑顔で認める
☆8　聴くだけでまねして吹けないようなら運指を見せる。
☆9　【コーナー学習】どのコーナーに行きたいのか迷っているのなら、教師が一緒に各コーナーを楽しむ。

【中越正美】

音楽に合わせて2
―音楽に合わせて、いろんな活動を楽しもう―

音楽に合わせてたっぷりと身体を動かそう。そうしたら、旋律が身体に馴染む。入ってくる。オリジナルのおどりが創れてしまう。歌もすぐに歌えてしまう。おどって、創って、歌って、楽器の演奏まで、まるごと楽しもう。

教材:「またあそぼ」織田ゆり子作詞／上柴はじめ作曲（教育芸術社3年）
対象学年：3年　　所要時間：6コマ計画　＠5分×6コマ
準備物：音源・リコーダー　　場所：教室または音楽室

❶ 音楽に合わせて、おどる　コマ1・2・3：＠5分

ステップ1　スキップ
曲に合わせて、その場でスキップをする。これだけで、十分に楽しい。☆1　コマ1

ステップ2　ハイタッチ
友だちとぶつからないように、曲に合わせてスキップで移動。☆2
8拍目で、近くの子とハイタッチ。笑顔が出て、楽しさが倍増する。　☆3　コマ2

> スキップできたよ!!
> 一緒にやると、楽しいね。

> スキップスキップ!!
> 手をつないで一緒にやろう!!

ステップ3：おどりをつくる
歌のどの部分でもよい。1フレーズを選んでつくる。
　　　　　☆4　コマ3
例①：「♪あしたもあそぼう」
2人が向かい合って、それぞれの肩をたたき合う。
例②：「♪一番星見つけた」
星を見上げるように天を仰いで、体を左右に揺らす。

★どの子も歌う!!　ユニバーサルポイント★

☆1　まずは教師が、楽しくやってみせる。うまくできない子は、友だちと手をつないで一緒にやらせるとできるようになる。

☆2　「ぶつからない」ことがポイント。うまくできないようなら、その場スキップに戻る。

☆3　8拍目で「ハーイ!!」と声をかけながらハイタッチ。うまくできるようになったら、笑顔もつけるともっと楽しくなる。

☆4　うまくやっている子を取り上げて、まねさせる。1つできたら、次々といろんな場面のおどりをつくることができる。

❷ 歌う　コマ4：5分
T：歌います。☆1
　　CDに合わせて歌う。これまでの活動で、旋律が体に浸みこんでいる。
T：覚えて歌えるようになります。☆2
　　すぐに覚えて歌えるようになってしまう。歌いながらおどりを楽しむことができる。
T：歌っておどれるようになります。☆3
【コーナー学習】
　歌いたい子、おどりたい子、歌っておどりたい子など、自分がやりたいことを選んで活動する。

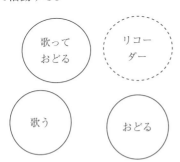

★どの子も歌う‼ ユニバーサルポイント★
☆1　歌いづらそうな子には、さりげなく傍で寄り添い一緒に歌う。
☆2　覚えにくそうなら、歌詞を示してもよい。
☆3【コーナー学習】どのコーナーに行きたいのか迷っている子には、教師や友だちと一緒に、各コーナーをまわらせる。

❸ リコーダーで吹く　コマ5：5分
①まねぶき
T：まねします。☆1
　　吹いて聞かせて、まねをさせる。音がそろうまで、数回繰り返す。
　　※次の3つの部分を吹く。♪ゆうやけこやけ♪一番星見つけた♪明日天気になあれ
T：何の音？
　　吹いたところを階名で歌わせる。
②楽譜で確認
　吹けるようになったところを、楽譜で探す。☆2
③視奏を経験
T：楽譜を見ながら吹いてみましょう。
　　吹けるようになったところを視奏する。☆3
④コーナー学習に加わる
　歌う、おどる、歌っておどるに加え、リコーダーコーナーを作って楽しむ。

★どの子も歌う‼ ユニバーサルポイント★
☆1　聴くだけでまねして吹けないようなら、運指を見せる。「お隣の子の運指をまねしてよい」とする。
☆2　だいたいの場所を教える。例：「3段目にあるよ」お隣と一緒に探してもよい。
☆3　楽譜のどの部分にあたるかを確認してから、視奏させる。

(2) わらべ歌で遊ぼう

【丸山美香】

10　2人でわらべ歌遊び1
― 「十五夜さんのもちつき」 ―

　2人で遊ぶわらべ歌遊び。お手合わせの上級編。発達段階に応じてアレンジ可能！スモールステップで進めれば、どの子もできるようになる。相手の動きを見て、相手に合わせて一緒に遊ぶ。年齢制限はない。異年齢集団で遊ぶことも可能だ。

教材：「十五夜さんのもちつき」（わらべ歌　※「三月三日のもちつき」と呼ぶ地方もあり）
対象学年：1年2学期以降全学年　　所要時間：5コマ計画　@5分×5コマ
準備物：音源はリズムボックス（でんでん太鼓や響き線をオフにした小太鼓等）
　　　　絵カード　　　　　　　　　場所：教室または音楽室

❶　振りをつけて遊ぶ　コマ1・2・3：@5分

ステップ1：片方の役割の動きを覚える
　特徴的な言葉に合わせて振りを付ける。☆1☆2☆3　コマ1

おっこねた

シャンシャンシャン

シャンシャンシャンシャン
シャンシャンシャン

ステップ2：もう1人の役割「臼と杵」の動きをしながら歌う
①手拍子をしながら短いフレーズに区切って歌う。
　（歌唱新曲指導の要領）☆4
②「臼と杵の動きをします」と指示し、縦に手を動かして拍子を取りながら歌う。☆5　コマ2

手拍子　　　　　臼と杵の動き

Ⅰ　身体活動で楽しさ満開!!　29

―★どの子も歌う!!　ユニバーサルポイント★―
☆1　音源やリズムボックスをかけながら、楽しくやってみせる。
☆2　椅子や床に座らせ、聴覚と手の動きに集中させる。
☆3　「シャンシャン…」の動きは普通の手拍子に置き換えても楽しい。
☆4　早口なので、初めはゆっくり、だんだん速くしながら繰り返し歌う。
☆5　慣れないうちは動作だけになる。繰り返すと歌えるようになるので、まずは楽しませる。

❷　**2人で遊びながら歌う**　コマ4・5　5分

T：臼と杵の動きで歌います。☆1
　音源やリズムボックスに合わせて歌わせる。
T：2人組で遊びます。○○さん、お手伝いしてね。
　子どもに臼と杵を、教師が合いの手の役割でお手本を見せる。
　単なる言葉遊びの歌が、スリル満点の遊び歌に変わる瞬間である。
T：やってみましょう。　☆2☆3
　リズムボックスや音源はぐんと速度を落とすか、なしで遊ばせる。※
　タイミングが合わなくて困るペアが落ち着いて練習するには、音源が邪魔になることも想定しておく。
T：少しずつ速くしますよ。(コマ5)　☆4
　2回続けて遊ばせる。
T：(1回目が終わったらすぐに) 交代。
　役割を交代して遊ばせる。すぐに「もう1回！」と熱中すること請け合いである。

※音源を使うなら、速度が変わっても音質が劣化しないアプリを使う。Anytune は殆ど劣化せず、必要な箇所だけループするのでお勧めである。

―★どの子も歌う!!　ユニバーサルポイント★―
☆1　フレーズの切れ目で次の歌詞を早口で教える。拍に乗って楽しむことを優先する。必要に応じて、コマ1の動きを復習するのもよい。
☆2　1人で活動する時の様子を充分観察しておく。止まったり周囲を伺っている子が数名いれば、音源を止めてゆっくり練習させる。最後に一度音源に合わせる程度でよい。
☆3　低学年は「シャンシャン…」を相手の手をタッチさせても楽しい。
☆4　すぐに熱中するので、音楽が崩壊しない程度の速度にとどめること。

【吉尾香奈子】

2人でわらべ歌遊び2
― 「おちゃらか ほい」 ―

　おちゃらかおちゃらかおちゃらかほい　おちゃらか勝ったよ（負けたよ・あいこで）おちゃらかほい。わらべ歌遊びの定番「おちゃらか」は、手の動きが難しい。スモールステップで、やってみせてまねさせてできるようにしていく。

教材：「おちゃらかほい」
対象学年：1年（教育芸術社刊）どの学年も可
所要時間：5分　　準備物：特になし　　場所：教室または音楽室

❶　**先生対子ども**　ステップ1～4：計5分
ステップ1：歌う
　歌ってきかせ、まねさせて、歌えるようにする。
ステップ2：手の動きをまねる
　♪おちゃらか　おちゃらか　おちゃらか　☆1☆2

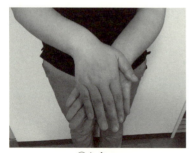
①おちゃ

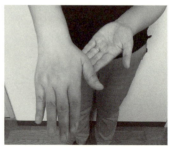
②らか

♪「ほい」でじゃんけん。

♪おちゃらか○○

勝ったよ（バンザイ）

負けたよ（泣きまね）

あいこで（腰に手）

ステップ3:歌いながら動きをつける
　先生対子どもで歌いながら動きをつけてくり返し遊ぶ。
ステップ4:速さを変える
　この遊びは、ジャンケンの勝ち負けでなく、手に合った動きが素早くできるかが勝ち負けになることがポイント。だんだん早くしても動きについていけるか、先生対子どもで練習する。

❷ 子ども対子ども

T：2人組。
　近くの子と2人組を作らせる。
T：歌います。
　先生が動きをつけながらリードして歌う。子ども同士でやっても動きをつけてまねできる。

★どの子もできる!! ユニバーサルポイント★

☆1　手の動きが難しい場合は写真のように変えてもできる。友達とタイミングを合わせて手を合わせることができてきたら、上記の動きにするようにスモールステップにしてもよい。

おちゃ

らか

☆2　2人組や3人組になって遊ぶ時、力の加減がわからない子・強い力の刺激が手に伝わらないと満足しない子がいる。力の加減を学習させる必要がある。
　子どもによって得意な学習の仕方が異なるので、指導の際にはぜひ意識してもらいたい。

①「今の強さは10だから3にしてね」と言って数値化する(聴覚優位パターン)。
②①の数値を書いて見せたり、手で大きさを示す(視覚優位パターン)。
③「このくらいの強さだよ」と子どもの手を押して体験する(身体感覚優位パターン)。

2人でわらべ歌遊び3
― 「お寺のおしょうさん」 ―

　じゃんけんで負けるのを嫌がる子がいる。わらべ歌なら、歌が楽しい。動作も楽しい。楽しいことに引き続いたじゃんけんなら、勝っても負けても大丈夫。負けの悔しさを打ち消す楽しさがあるからだ。拍の流れをキープするため、「せっせっせーのよいよいよい」から始めたい。

教材：「お寺のおしょうさん」（わらべうた）
対象学年：低学年
所要時間：4コマ計画 @3分×4コマ
準備物：なし
場所：教室または音楽室

★どの子も歌う!!
ユニバーサルポイント★

☆1　教師が歌って手遊びをする。

おてらのおしょうさんが・・・

❶　歌と手遊びを覚えよう　コマ1：@3分
T：この歌を知ってる？☆1
歌いながら子どもたちの中に入り、何人かと順番に手遊びをしていく。☆2
速さに変化をつけて繰り返す。☆3

★どの子も歌う!!　ユニバーサルポイント★

☆2　苦手だと思われる子とも手遊びをする。
☆3　一緒に歌っている子や自然に手遊びができている子をアイコンタクトで賞賛する。

先に上手な○○ちゃんの様子を見られるように。ゆっくりと大きい動作でわかりやすく。

とてもいいよ。

❷　友だちとやってみよう　コマ2・3・4：@3分
T：2人組を作ります。
T：（歌う）せっせっせの〜。☆4
　　何回かしたら、相手を変えて行う。☆5

★どの子も歌う!!
ユニバーサルポイント★

☆4　リズムボックスなど一定の拍の流れを感じることができる道具を使用する。
☆5　移動を促す時は、拍の流れに合わせて、「さようなら」と声かけをする。

（「じゃんけんぽん」）のすぐ後で「さようなら」

I　身体活動で楽しさ満開!!

❸　みんなでやってみよう　コマ5：@3分

①二重円をつくる

T：2列に並びます。
　　二重円をつくるため、まずは2列縦隊に並ぶ。☆6
T：お隣さんと手をつなぎます。先頭は先生の後に続きます。
　　2列縦隊で隣同士手をつながせ、教師の後につかせる。
T：先頭さん、先生の後についてきます。みんなも後に続きます。
　　教師は、うまく二重円がつくれるようリードする。☆7

②2人組をつくる

T：お隣さんと手を離して、向かい合います。
　　二重円の外側の子と内側の子が向き合って立つ。
T：お相手はいますか？　真ん前の人と、「お寺のおしょうさん」をします。☆8

③「お寺のおしょうさん」を楽しむ

T：お向かいさんと手をつないで。
　　すぐに、♪せっせっせのよいよいよいと、アカペラ（無伴奏）で歌い始める。
T：勝った人？　負けた人？
　　それぞれ挙手をさせ、勝っても負けても次の楽しみがあることを伝える。☆9

④相手を変える

T：「さようなら」って言ったら、外側の人は一歩左に動きます。☆10
T：外側の人、手を挙げて。あなたたちが一歩左に動きます。
　　動かして、真ん前に相手がいるかどうか確認させる。
T：お相手が変わりましたか？　今度はその人と「お寺のおしょうさん」をします。
　　♪せっせっせのよいよいよいと歌い始める。すぐに動いた子をほめる。
　　相手を変えて勝負がついたら、同じ要領で次々と相手を変えて楽しむ。☆11

★どの子も歌う!!　ユニバーサルポイント★

☆6　体育の授業での要領で、2列縦隊をつくらせる。
☆7　一度教えておけば、次からは子どもたちだけでできる。あせらずに、丁寧に進める。
☆8　必ず、相手がいることを確認する。
☆9　負けを受け入れられない子がいる。「勝つも負けるも時の運です。負けた子は、心が優しい子です。今日は負けてあげたんだよね」と笑顔で対応する。
☆10　相手を変えるところは、とても難しい。誰が動くのか、どっち方向に動くのかを確認する。この回だけに限らず、あと2～3回は同様に確認が必要になる。
☆11　見通しをもつことができるよう、予定の回数を全員に伝える。少しずつ速度を変えて挑戦させると、より楽しくできる。

【川津知佳子】

2人でわらべ歌遊び4
― 「あんたがたどこさ」 ―

先生と一緒に遊ぶ、2人で遊ぶ、たくさんの友だちと一緒に遊ぶ。1曲歌えるようになると、いろんな遊び方ができる。子どもたちの集中を惹きつけたいときは教師がリードを取ってやる。高学年が低学年を遊ばせる異年齢集団での遊びにも使える。

教材：「あんたがたどこさ」　対象学年：どの学年でも可・異年齢集団
所要時間：5コマ計画　＠5分×5コマ
準備物：キーボード（なくても可）　場所：教室または音楽室・体育館など

❶ **歌が歌える**　コマ1：5分

タンタンタンタン ♩♩♩♩
心地よい拍の流れに乗って歌う。もとは、まりをつきながら歌う、まりつき歌だ。
手拍子を打ちながら歌うと楽しい。

歌詞
あんたがたどこさ
あんたがたどこさ
ひごさ
ひごどこさ
くまもとさ
くまもとどこさ
せんばさ
せんばやまには
たぬきがおってさ
それを猟師が
鉄砲で撃ってさ
にてさ
やいてさ
くってさ
それを木の葉で
ちょいとかぶせ

```
学習開始  「あんたがたどこさ」が歌える。
    ↓
提示  範唱を聴く。出てくる動物は何か、聴き取る。 ←┐ ☆1
    ↓                                    │
  ＜聴く。＞ ──NO──────────────────┘
    ↓ YES
提示  短いフレーズを聴く。☆2 ←──────────┐
    ↓                                    │
  ＜まねして歌う。＞ ──NO──────────────┘
    ↓ YES
学習終了  「あんたがたどこさ」が歌える。
```

─────★どの子も歌う!! ユニバーサルポイント★─────

☆1　気が散りやすい子も、「動物が出てくる？」と思っただけで、集中して聴こうとする。
　　（答え：たぬき　イラストフラッシュカードの活用もある）
☆2　短いフレーズなら、まねできるし、覚えられる。

イラストフラッシュカード

Ⅰ　身体活動で楽しさ満開!!

❷　わらべ歌で遊ぶ　　コマ２・コマ３：＠５分
①『さ』で拍手（パン）　コマ２
　Ｔ：歌います。
　　　教師のリードで歌いだす。まねさせる。
　Ｔ：……。☆３
　　何も言わずに、『さ』で拍手（パン）♪あんたがたどこ『さ（パン）』
　　続けて、歌ううちに、『さ』で拍手がわかる。最後まで、『さ（パン）』を楽しむ。
　Ｔ：まねっこ
　　　♩♩♩♩　のリズムで拍打ち。全体の拍手がそろってきたら、歌いだす。
　Ｔ：♪あんたがたどこさ……
　　　拍手をしながら歌う。『さ』で拍手をしない。☆４
②『さ』ぬき歌い　コマ３
　　♪あんたがたどこ○　♪ひご○　♪ひごどこ○の要領で、『さ』を歌わない遊び。

―――★どの子も歌う‼　ユニバーサルポイント★―――
☆３　言葉はできるだけ少ないほうが良い。活動するうちにわかるようにする。
☆４　「拍手を続ける、やめる」が、がまんする力を育てる。ついついたたいて
　　　しまうのが楽しい。教師がわざと間違え、明るく笑うのも効果的だ。

③『さ』でジャンプ　コマ４：５分
　Ｔ：６人で手をつないで丸く輪になります。　☆５
　　　歌う。手をつないだまま、『さ』でジャンプ。☆６

―――★どの子も歌う‼　ユニバーサルポイント★―――
☆５　輪になって歌うことで、友だちの顔が見える。楽しさが増す。
☆６　ジャンプのタイミングがつかめない子には、手をつなぐことで解決する。

④『さ』でばぁ　コマ５：５分
　両手で顔を隠す。「いないいないばあ」の要領で、『さ』のタイミン
グでひょいと顔を出す。両手の上・下・左・右、どこから顔が出てく
るか、わくわくして盛り上がる。
　Ｔ：先生と一緒にやります。☆７
　Ｔ：隣の席の友だちと２人組でやり
　　ます。
　　　友だちと同じ側から顔を出すと、
　　うれしい気持ちになる。
　　　２人組になる友だちを変えて、
　　さらに遊ぶ。☆８
（中越正美氏実践追試）

★どの子も歌う‼
ユニバーサルポイント★
☆７　「さ」で長めに時間を取ることで、
　　　子どもたちとタイミングを合わせる。
☆８　友だちと同じ側から顔を出すと、
　　　親近感が増す。

【川口里佳】

みんなでわらべ歌遊び１
―「ずいずいずっころばし」―

歌に合わせて、握りこぶしをちょんちょんちょんとつっついていくわらべ歌遊び。握りこぶしを並べて、つっついてもらうのを待つ『子』役。つっついていく『親』役。『子』も『親』も、声をそろえて歌いながら一緒に遊びたい。

```
教材：「ずいずいずっころばし」
対象学年：２年（教育芸術社刊）どの学年も可
所要時間：４コマ計画　＠３分×２コマ・＠５分×２コマ
準備物：音源　　場所：教室または音楽室
```

❶　「ずいずいずっころばし」が拍を捉えられるようになるまで

コマ１：３分間

| 学習開始　「ずいずいずっころばし」拍をとらえる。|

| 指示　範唱を聞きます。|

| 指示　曲に合わせて、拍打ちします（全曲）。
　　　①列ごと交代で拍打ち②男女交代で拍打ち☆１☆２☆３☆４ |

　　　　　　　拍打ち　　　　　NO
　　　　　　　YES

| 学習終了　「ずいずいずっころばし」拍がとらえられる。|

★どの子もできる‼ ユニバーサルポイント★
☆１　音源を聴かせて、まねさせる。
☆２　全体に目線を送りながら、わくわくするような表情をつけて拍打ちする。
☆３　笑顔で楽しくやる。
☆４　まねできていることをほめる。

❷　1人で、ペアで、手で作った穴に指を入れていく　　コマ2：3分間

①1人でやってみる

T：左手パー。筒、つくり。☆1
T：右手の人差し指をたてます。筒に入れて。
T：曲の拍に合わせて、指を筒に入れます。☆2

②ペアでやってみる　☆3☆4

T：お隣さんと2人組。向き合います。どちらか1人が右手で1。
T：指を3つの筒に順番に入れます。
T：「だあれ」の「れ」の時に指が入っている筒は、負けです。さようなら〜。

> ★どの子もできる‼　ユニバーサルポイント★
> ☆1　ゆっくり大きな動作で、提示する。
> ☆2　笑顔で楽しくやる。
> ☆3　歌っている子をほめる。
> ☆4　できていることをほめる。

③グループで楽しむ　コマ3・4：各5分間

T：給食のグループ（4〜5人）になります。
T：1人、筒に指を入れる人を決めます。
T：他の人は、両手で筒づくり。
T：曲に合わせて、指を順番に筒に入れます。☆1☆2
T：指が入っている筒、さようなら〜。☆3☆4
T：最後まで残った人、おめでとう！
T：残らなかった人も、歌が上手でした。

> ★どの子もできる‼　ユニバーサルポイント★
> ☆1　歌っている子をほめる。
> ☆2　拍にのって指を入れている子をほめる。
> ☆3　間を空けず、すぐに歌い始める。
> ☆4　自分の手が筒として残っていなくても、歌っている子をほめる。

【吉川たえ】

 みんなでわらべ歌遊び2
　―「かごめかごめ」・「うみ」―

　輪になって手をつなぎ、歌を歌いながら一緒にぐるぐる回って遊ぶ「かごめかごめ」。誰が後ろの正面なのか、声だけをたよりにあてっこするのは、わくわくする遊びだ。「うみ」は3拍子のリズムに乗って遊ぶ。難しい3拍子も友だちと一緒に楽しく遊ぶうちにできるようになる。

教材：「かごめかごめ」「うみ」　対象学年：全学年
所要時間：5コマ計画　＠5分×5コマ　準備物：音源
場所：教室または音楽室

---

❶ 「かごめかごめ」が歌えるようになるまで　コマ1・コマ2：5分間×2コマ

【歌詞】　かごめ　かごめ　かごの中の鳥は
　　　　　いついつでやる　夜明けの晩に
　　　　　鶴と亀がすべった　後ろの正面だあれ

| 学習開始　新曲「かごめかごめ」が歌えるようになる。 |

　　　　　　　　↓

| 指示　「かごめかごめ」歌います。 |

　　　　　　　　↓

| 指示　範唱を聴きます。みじかいフレーズを歌ってきかせまねさせる。 |

　　　　　　　　↓

YES

NO

| 学習終了　新曲「かごめかごめ」が歌えるようになる。 |

❷ 「かごめかごめ」の遊び方を知る
①遊び方を知る
　　5名立たせる
T：手をつないで左まわり。
　　教師もいっしょにやってみせる。
T：1人が輪に入ります。体育座りをします。

I 身体活動で楽しさ満開!! 39

やってみせてまねさせる。
T：♪かごめかごめ～
　子どもと一緒に歌いながら遊び方を教える。

②やってみる
T：全員起立。6人組を作ります。できたら座ります。
　全員がグループを組めたか確認する。
T：真ん中に入る人を決めます。
T：手をつなぎます。
　オルガンを弾き始める（歌を歌う）。

③さあ、遊ぼう
　遊び方を指導したら、繰り返し遊ぶ。
T：「かごめかごめ」で遊びましょう。☆1

❸ 「うみ」（文部省唱歌）の歌・遊び方を知る　コマ3～コマ5：5分間×3コマ
　友だちとの手遊びを通して、3拍子を感じることができる。

①遊び方を知る、やってみる
T：まねします。前を向いて、先生と。
　歌と動作をまねする。動作は、「ひざ・手・前」の順番。
T：ペアで。
T：4人組で。
　ペア同士が向かい合う。
　1ペア：「ひざ・手・前」の順番に。　1ペア「手・前・ひざ」の順番に。
T：6人組で。
　ペア同士が向かい合う。☆2
　1ペア：「ひざ・手・前」の順番に。
　1ペア「手・前・ひざ」の順番に。
　1ペア：「前・ひざ・手」の順番に。

★どの子も歌う!! ユニバーサルポイント★
☆1　みんなと一緒に動くのが苦手な子どもがいる場合は、教師がその子の隣へ行き、一緒に輪の中に入る。教師や上手な子どもと一緒に動いているうちに、拍の流れに乗って動くことができるようになる。
☆2　始めはゆっくりのテンポでやってみる。学級の9割以上ができたら4人組、6人組に取り組む。

【川津知佳子】

みんなでわらべ歌遊び3
― 「お客様」 ―

お客様は、みんなが打つ手拍子に合わせて歩きながら訪問先を探す。お客様と訪問先の人がやり取りをしている間も、みんなは休まず手拍子を打ちながら歌う。楽しく遊ぶうちに、大切な音楽能力の一つである、曲の流れに乗る力が育つ。

教材:「お客様」　　対象学年:低・中学年・異年齢集団での遊びも可
所要時間:3コマ計画　@5分×3コマ　　準備物:音源(なくても可)
場所:教室または音楽室

❶　**歌と動きを覚える**　コマ1:5分
T:曲を聴きます。☆1
　教師が子どもたちに向き合い歌って聞かせる。
T:覚えて歌えるようにします。☆2
　短いフレーズを歌ってきかせ、まねさせる。
T:動きをまねします。☆3
　①「はい、こんにちは」でおじぎをする。
　②「はい、さようなら」でおじぎをする。
　③「いろいろおせわになりました」で、1人の子と手をつなぎ、拍に乗って回る様子を見せる。
　④クラス全体で、教師と手をつなぐまねをして、半周回る。

「お客様」
お茶をのみに
来てください
はい　こんにちは
いろいろ
お世話になりました
はい
さようなら

★わらべ歌　ユニバーサルポイント★
☆1　一人一人の顔を見ながら歌う。楽しそうなことが始まる、と期待させる。
☆2　分けて追い歌いさせることで、無理なく歌詞を覚えられる。
☆3　スモールステップで、動きを覚える。だいたいできていれば、よしとする。

❷　**グループでの動きを覚える**　コマ2:5分
T:お手本を見せます。☆4
　①6人の子どもたちに円をつくらせ、教師が中に入り「お客様」役をする。右図😊を教師がやる。
　②子どもたちは内側を向く。その場で、手拍子をしながら歌う。
　③教師は円の内側を、歌いながら手拍子に合わせて歩く。

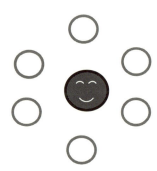

④「お茶を飲みに来てください」のタイミングで向かい合った子と、
「はい、こんにちは」
とあいさつをする（右図上）。
⑤あいさつした者同士が手をつなぎ、「いろいろお世話になりました」と言いながらくるりと時計回りに半回転して場所を入れ替わる（右図下）。☆5
⑥入れ替わったら、「はい、さようなら」とあいさつをする。
⑦教師と入れ替わった子が「お客様」役をする。☆6

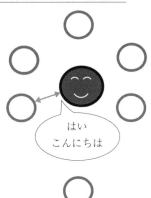

あいさつをした者同士が場所を入れ替わる。教師は、円上に移動。あいさつをした児童は、新たな「お客様」役になる。
「お客様」は、教師がやってみせたように、手拍子に合わせて円の内側を歩く。

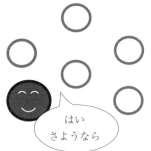

★わらべ歌　ユニバーサルポイント★

☆4　グループ全体での動きを示し、イメージをもたせる。
☆5　視覚情報、聴覚情報の両方で、円の内側と外側を入れ替えることを知らせる。
☆6　確認の意味を込めて、もう1回続けて遊ぶ。新たに「お客様」になった児童を、教師はサポートする。

❸　**グループで遊ぶ**　コマ3：5分

T：グループで遊びましょう。
　　前時のようにグループを作って円になり、中に入る子を決める。
　　外にいる子は、歌いながら手拍子をする。
T：場所を入れ替えます。
　　「いろいろおせわになりました」で、中にいる子と外にいる子が入れ替わる。
T：続けましょう。

【溝端久輝子】

17 みんなでわらべ歌遊び4
― 「からすかずのこ」 ―

「からすかずのこ」は、誰がかっぱの子になるんだろうというわくわく感と、最後は独りぼっちにされてしまうどきどき感が体験できる、子どもが夢中になるわらべ歌遊びだ。皆が打つ手拍子に合わせることで、拍の流れに乗る力がついていく。

> 教材：からすかずのこ　　対象学年：低学年～異年齢集団での遊びも可
> 所要時間：3コマ計画@3分×3コマ　　準備物：なし
> 場所：教室または音楽室

❶　わらべ歌で遊ぶ　コマ1・2・3：@3分

「からすかずのこ
からすかずのこ
にしんのこ
おしりをねらって
かっぱのこ」

ステップ1：歌を覚える
　教師は、楽しそうに歌いながら手拍子をする。
　子どもたちは歌に合わせて手拍子だけで参加する。
　楽しい歌詞に思わず笑いがおこる。歌詞を覚えるまで繰り返し歌う。　☆1　コマ1

ステップ2：遊び方を知る
　まずは、教師がかっぱ役になって遊んで見せる。☆2
【遊び方】
　5～6人で遊ぶ。円陣をつくり、内側に向かい合って立つ。1人がかっぱ役になり、円陣の外側を歌に合わせて歩く。歌い終わり♪かっぱのこのタイミングで行き会った子の腰のあたりをトントントンとタッチする。タッチされた子は、次のかっぱ役になる。先のかっぱ役は、円陣からはずれて自席にもどる。　☆3

★どの子も歌う‼ ユニバーサルポイント★

☆1　歌と手拍子をわけることで、ワーキングメモリーへの負荷を減らす。
☆2　教師は、アカペラ（無伴奏）で歌いながらやって見せる。子どもたちは、手拍子をする。
☆3　円陣からはずれた先のかっぱ役は、円陣の傍に座り歌と手拍子で参加する。どの子も遊びに参加している状態をつくる。

Ⅰ　身体活動で楽しさ満開!!　43

❷　バリエーションをつけて遊ぶ
T：おしりをたたかれた人は（かっぱの）後ろにつきましょう。☆4

T：おしりをたたかれた人は（かっぱの）前にきましょう。☆5☆6

★どの子も歌う‼ ユニバーサルポイント★

☆4　かっぱは円陣からはずれずそのまま残る。次々と歴代のかっぱが列車のようにつながる楽しさがある。
☆5　変化をつけて楽しむ。
☆6　最後の１人になった子は、歴代のかっぱみんなからおしりをたたかれる。どきどき感が楽しい。

❸　授業崩壊しないために緊張場面をつくる
　グループごとに遊びを見せ合って、お互いに見られているという緊張場面をつくる。
T：グループごとにやってみましょう。☆7
T：よいところを見つけましょう。☆8
T：よかったところを発表しましょう。☆9
　　○○さんは、とても楽しそうに歌っていました。
　　△△さんは、手拍子しながら歌っていました。

★どの子も歌う‼　ユニバーサルポイント★

☆7　教師の指名で行う。「やってみたいところはありますか？」とたずねてもよい。
　　他のグループは、その場にしゃがんで見学をする。
☆8　見る子どもたちにも課題を与え、空白禁止の対応策をとる。
☆9　できるだけ個人の名前を入れて発表させる。言われた方もうれしく励みになる。

【飯田清美】

18 振り付け歌い1
―みんなかわいい「こぎつね」コン！―

歌に、とびっきり楽しいおどりを振り付けた。こぎつねになりきって楽しくおどる。

教材：「こぎつね」（教育芸術社2年）　対象学年：2年
所要時間：7コマ計画　＠5分×2コマ、15分×1コマ、5分×4コマ
準備物：音源・鍵盤ハーモニカ・小打楽器類　　場所：教室または音楽室

❶ 歌に合わせておどり　コマ1、2：5分×2回
　ステップ1・先生のお手本：教師がアカペラで歌いながら踊ってみせる。☆1
　ステップ2・まねおどり：教師がアカペラで歌いながら踊ってみせる。☆2
　ステップ3・まね歌い：教師と一緒に歌う。☆2
　ステップ4・CDに合わせて：CDに合わせて歌と踊りをする。☆3
【おどりの例】

こぎつね　　　山の中、山の中　　　　草の実つぶしてお　もみじのかんざし
コンコン　　　（手でお山の形をつくる）　けしょうしたり　　つげのくし

冬の山（手で　　枯れ葉の　　縫うにも　　綺麗な模様　　大きな尻尾はじ
雪ひらひら）　　着物じゃ　　縫えず　　の花もなし　　ゃまにはなるし
　　　　　　　　　　　　　　　　　　　　　　　　　　　以下省略。

――――★どの子も歌う!!　ユニバーサルポイント★――――
☆1　教師がゆっくりと歌いながらお手本を見せまねさせる。
☆2　説明せずに、1番だけ、さらにテンポを落とし手本を示してまねさせる。
☆3　CDで曲を流す。これまでよりテンポが上がるので、振り付けを一瞬先に
　　示す。歌は歌える部分だけでいいよ、と声をかける。

Ⅱ　どの子にも優しい歌唱指導

❷ 楽器で効果音を考える　コマ3：15分、コマ4：5分

コマ3

| 発問 | 「こぎつね」の歌にどんな音を入れると楽しくなるかな（5分）。 |

| 例示 | 「コンコン」のところに楽器を入れてみましょう（ウッドブロックなどで）。 |

| 見通し | ここにこんな楽器を入れてみたいというのがありますか（全員に聞く）。 |

　　　　YES　　　　　　　　　　　　　　NO

| 例示 | 子どもが発表→板書 |

| 例示 | 「冬の山」のところに入れるとしたら何がいい？ |

| 活動 | グループで1、2、3番から1つ歌を選んで工夫を相談します（5分）。 |

| 発表 | グループで工夫したことを発表します（5分）。 |

コマ4：5分

| コーナー学習 | みんなで楽しく歌ったり踊ったり楽器をならしたりしましょう（5分）。 |

❸ けんばんハーモニカで演奏する　コマ5、6、7：5分×3回

難しいので3回に分けて練習する。

| ドレミファソ・ソ | ラファドラソ | ソファファファファミミミ〜最後まで |

① まねぶき：ドレミファソソを弾いて聞かせてまねさせる（音がそろうまで）。
② 階名唱：「何の音だったかな」と聞き、弾いたところを階名で歌わせる。
③ 楽譜の確認：「教科書を見てみましょう」吹けるようになったところを、教科書の楽譜で確認。
④ 視奏：楽譜を見ながら弾く。

19 振り付け歌い2
―おどって、歌って、イメージ豊かに―

【千本木綾乃】

歌に合わせて、お手合わせで遊ぶ。歌いながらお手合わせをすれば、拍の流れに乗る力がつく。相手に合わせる力もつく。たっぷり遊んだあとは、イメージを大きくふくらませて、自分で振り付けを考えてみよう。

教材:「はる　なつ　あき　ふゆ」三浦真理作詞・作曲（教育芸術社1年）
対象学年:1年　　所要時間:6コマ計画　@5分×6コマ
準備物:音源　CD・iPadなどタブレット　　場所:教室または音楽室

❶ お手合わせ〜曲に慣れる〜　コマ1・2:@5分

ステップ1:お手合わせ（コマ1）
①2人組をつくる。☆1
②曲に合わせて、お手合わせ
　（基本形）をする。☆2
　間奏の間に相手を変える。1曲が終わるまでに4人（春夏秋冬）とお手合わせをすることになる。これだけで、十分に楽しい。☆3

ステップ2:曲の感じに合わせてお手合わせ（コマ2）
T:季節ごとにお手合わせを変えます。
　1番　はる　お手合わせ（基本形）
　2番　なつ　動作が大きなお手合わせ
　3番　あき　少し急いだお手合わせ
　4番　ふゆ　人差し指でお手合わせ

※お手合わせ【2例】

基本形1　拍手⇔両手でお手合わせ 　　基本形2　拍手⇔左右交替でお手合わせ

★どの子も歌う!! ユニバーサルポイント★

☆1　2人組を作れない子への手立てとして、教師と2人組になったり、一緒に相手を見つけたりする。さりげなく行う。
☆2　楽しくやって見せてまねさせる。友だちの手本を見させるのもよい。
☆3　拍の流れに乗ってお手合わせを楽しんでいるか、スムーズに相手を変えることができているかを見取る。☆1の手立てにも関連するが、伴奏はCDやiPadなどに任せて、教師は子どもたちの中に入り一緒に活動する。

Ⅱ　どの子にも優しい歌唱指導　47

❷　**歌を覚えて歌う**　コマ3：＠5分
　お手合わせを十分楽しむと、旋律は体に浸みこむように入っている。すぐに歌えるようになる。変化のある繰り返しで、楽しく覚えて歌えるようにする。

❸　**まね振り付け〜おどりをつくる〜**　コマ4：＠5分

> ステップ3：まね振り付け（コマ4）
> T：振り付けを考えます。☆1
> 　1番　はる
> 　例　両手で花を作って体をゆらす。
> 　　　綿毛が飛ぶように手を上に動かす。
> 　　　あいさつをするまねをする。
> 　　　体をゆらす。
> T：続きも考えましょう。☆2

★どの子も歌う!!　ユニバーサルポイント★

☆1　困っている子には、他の子や教師の動きをまねさせる。
☆2　1番の振り付けをつくることができたら、2番は見通しがつく。
　　例　2番　まね振り付け
「♪大きなくじら♪になります！　どんな動きかな」、「♪ざぶんともぐる♪とはどんな動きかな」と教師が発問しながら、動きに挑戦させる。

❹　**まね振り付けをしながら歌う**　コマ5：＠5分
　お手合わせ・歌う・まね振り付けをしながら歌う・友だちと一緒に歌とおどりを楽しむ、など、自分がやりたい活動を選んで楽しむ。

❺　**発表会**　コマ6：＠5分
T：みんなで♪はる　なつ　あき　ふゆ♪を歌います。☆3
　教室の中をダイナミックに動きながら歌う。
T：ちょろりはどんな動きがいいですか。
　オノマトペの動きを工夫させる。
T：発表します。☆4
　班ごとに発表する。それぞれが、思い浮かべた様子に合う動きをする。見ていた子どもたちはポイントとなる言葉の動きについてよかった点を伝える。

★どの子も歌う!!
ユニバーサルポイント★

☆3　動きを忘れてしまったり、困ったりしている児童には、教師の動きをまねさせる。
☆4　ポイントになる言葉の動きを黒板に示しておく。

【工藤　唯】

　振り付け歌い3
　　　―まねっこができたら、自分でつくろう―

「ゆかいな木きん」は、何もせず聴くだけでも心がわくわくとしてくる楽しい曲だ。2拍子のリズムに乗って身体活動すれば、もっともっと楽しくなる。やってみせて、まねっこしながらできるようになっていく。オリジナルのおどりをつくることも楽しい。

教材：「ゆかいな木きん」小林純一作詞／原由多加編曲（教育芸術社3年）
対象学年：3年
所要時間：4コマ計画　3分×2コマ・5分×2コマ
準備物：音源
場所：教室または音楽室

---

❶　**ウォーミングアップ**　コマ1：3分間　☆1
範唱（体を左右に揺らしながら）
T：先生が歌います。みんなは振りだけ。さん、はい。
範唱（手拍子あり）
範唱（足踏みあり）
も同じように繰り返す。

手拍子や足踏みはどんな歌詞にも合わせられて便利！

❷　**歌に合わせて**　コマ2：3分間　☆1☆2
進め方

①範唱（振り付けあり）
②まね振り付け
③追い歌い（振り付けあり）
④通して歌う（振り付けあり）

範唱の後、1フレーズずつ振りをまねさせていく。
追い歌いに入るまでは、次の指示をする。
T：もう覚えたという自信のある子も、まだ絶対に歌ってはいけません。☆3

★どの子も歌う!!
ユニバーサルポイント★

☆1　教師は笑顔で行う。笑顔で楽しそうにやることで、音楽に苦手意識を持つ子ども達も「なんだか楽しそうだぞ？」と興味を持つ。
☆2　振り付けの動作は大きくはっきり示す。

こざるが　　　　　木靴をはいて（靴を履く動作）

まるきの　　　はしわたり　　あっちいっちゃ／こっちきちゃ

（横に一歩移動）

コンコンコン　　ゆかいな

（かかとで床を叩く）（腕を振って大きく足踏み）

★どの子も歌う‼
ユニバーサルポイント★

☆3　歌詞を覚えられたか不安な子も安心して活動できる。もう覚えた子は逆に歌いたくてたまらなくなり、追い歌いではりきって歌うようになる。

❸　**発展**　コマ3：5分間

歌詞に合う振り付けを自分たちで考える。

T：グループで"ゆかいな"の歌詞に合う振り付けを考えます。　☆4

──────★どの子も歌う‼　ユニバーサルポイント★──────

☆4　振り付けを創作する部分を1つだけに限定することで、何をするのかはっきりし、取り組みやすくなる。

❹　**もっと発展**　コマ4：5分間

発展では創作を一か所に限定したが、児童の実態によっては複数か所にするのもよい。

T：歌詞に合う振り付けを考えます。何か所変えてもかまいません。

（イラスト協力　志村隆一）

【清水麻美】

21 振り付け歌い4
―入学したばかりの1年生も歌えた―

「ビリーブ」は、高学年で扱う曲だ。歌詞にあった振りをつけ、楽しくおどって遊んだあとは、低学年でも楽々歌えてしまう。音楽に合わせて、おどる・友だちと一緒に楽しむことで、浸みこむように旋律が入っていく。

教材:「ビリーブ」杉本竜一作詞・作曲　　対象学年:全学年
所要時間:6コマ計画＠5分×6コマ　　準備物:音源　　場所:教室・音楽室

❶ 曲に慣れる　コマ1・2・3・4：＠5分

ステップ1：聴く	ステップ2：歌う	ステップ3：振り付けを入れる
CDまたは教師の歌を聴く。☆1	小さな声で歌えるところだけ歌う。☆2	最初の部分をやってみる。☆3

Ⅱ　どの子にも優しい歌唱指導　51

アイ　ビリーブ　イン・・・
　　インフューチャー

アイ　ビリーブ　　　信じてる

★どの子も歌う‼
ユニバーサルポイント★

☆1　教師が楽しそうにやってみせる。
☆2　気持ち良さそうに歌っている子や教師の振り付けをまねする子がいたら、ほめる。
☆3　振り付けの部分を少しずつ増やす。

❷　友だちと交流しながら歌う　コマ5・6：5分ずつ

①肩たたき（自分の肩を叩く）
　「たとえば君が　傷ついて　〜　その肩を」

②歩く
　♪のところで友だちとハイタッチする。☆4
　「世界中の♪　希望のせて♪
　　この地球は♪　まわってる♪」

③お手合わせ　☆5
　「いま未来の　〜　苦しみが」

④手をつないで揺れる　☆6
　「いつの日か〜信じてる」
　　〜間奏〜　歩く。ハイタッチ。

2番も1番と同様に、肩たたきやお手合わせをする。

①肩たたき

②歩く

③お手合わせ
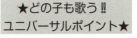

④手をつないで揺れる

★どの子も歌う‼
ユニバーサルポイント★

☆4　目を合わせる、にっこり笑うなどのポイントを入れていく。
☆5　配慮の必要な子のところへ教師がさりげなくペアになる。
☆6　手をつなぐのに慣れたら、肩を組んで揺れる動きにステップアップする。

イラストフラッシュカード
―歌詞を覚える負担が少し減る―

【関根朋子】

フラッシュカードを提示すれば一目瞭然で、指し示す内容がわかる。歌詞を覚える負担が減り、その分、曲の感じや日本の原風景に思いを馳せる余裕が生まれる。

教材：「夏は来ぬ」　学年：小6
所要時間：5コマ計画@5分×2コマ@5分×2コマ

❶「夏は来ぬ」1番が歌えるようになるまで　コマ1：5分間

- 学習開始　新曲　歌唱指導　「夏は来ぬ」1番が歌える。
- 提示　範唱を聴く。教師は、季節を考えさせる。
- 提示　範唱を聴く。教師はフラッシュカードを示しながら歌う。
  卯の花　ほととぎす　しのびね〜
- 提示　まねして歌う。教師はフラッシュカードを提示し範唱。
- 練習　NO
- 学習終了　「夏は来ぬ」1番が歌える。

❷「夏は来ぬ」2番が歌えるようになるまで　コマ2：5分間

- 学習開始　新曲　歌唱指導　「夏は来ぬ」2番が歌える。
- 提示　1番フラッシュカード提示。1番を歌う。
- 提示　教師はフラッシュカードを示しながら2番を歌う。
  五月闇　ほたる　くいな　早苗
- 提示　まねして歌う。教師はフラッシュカードを提示し範唱。
- 練習　NO
- 学習終了　「夏は来ぬ」2番が歌える。

II　どの子にも優しい歌唱指導

❸　イラストフラッシュカードで視覚支援　コマ1・コマ2
【1番】

卯の花

垣根

ほととぎす

しのび音

【2番】（注　原本では5番）

五月闇

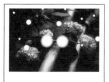
ほたる

くいな

さなえ

―★どの子も歌う‼　ユニバーサルポイント★―
1　アカペラで歌って聴かせてまねさせる。
2　フラッシュカードの言葉（名詞）は、語頭から語尾まで丁寧に歌わせる。
3　まねできていることをほめる。

❹　歌い方の工夫　コマ3・コマ4：各5分
T：「♪卯の　はなの」の歌い方を工夫します。
　●「卯のあなの」●「卯のかなの」●「卯のはなの」●「卯　のはな　の」
　●「卯のはなの」●「卯の　はなの」。語頭や語尾、子音を丁寧に発音することや、腹筋で支えながら言葉を言い直すことなど、歌いながら気付かせる。
T：クライマックスはどこですか。
　子どもに意見を言わせ気付かせる。「しのびねもらす」「夏は来ぬ」等の意見が出てくる。実際に歌って、どちらがクライマックスに相応しいかを考える。ここでは「音が一番高くなっているから『夏は来ぬ』がクライマックスです」と一律に判断せず、曲の感じを体感させる。
T：皆の前で歌います。
　希望者には皆の前で歌わせ、友だちのよい面（言葉の発音など）に気付かせる。

―★どの子も歌う‼　ユニバーサルポイント★―
1　語頭から語尾までの発音、子音の発音、クレッシェンドなど、歌う際に気を付けるポイントが具体的にわかっている。1つでも工夫しているのがわかったら、その部分をほめる。
2　1の工夫ができるようになれば、誰でも上手に歌えるようになることを伝える。自分なりの歌い方を見つけた子にお手本をさせるのもよい。

【中越正美】

まねっこ歌い１
―お手本は先生のアカペラで―

　低学年の歌唱指導は、アカペラで歌ってみせてまねさせて歌えるようにする。それが最もどの子にも優しい歌唱指導だ。歌えるようになったら、楽譜を見せて確認させる。

教材：「ひのまる」　　対象学年：１年
所要時間：５コマ計画　＠３分×３コマ　＠５分×２コマ
準備物：音源・リズム楽器（タンブリン、カスタネット、鈴など）
場所：教室または音楽室

---

❶　「ひのまる」が歌えるようになる　コマ１：３分間

| 学習開始　新曲　歌唱指導　「ひのまる」が歌えるようになる。|

| 指示　「ひのまる」を歌えるようになります。|

| 指示　範唱を聴きます（全曲）。|

| 指示　まねします。①「白地に」②「赤く」③「ひのまる」④「そめて」|

◇まねして歌う　☆１☆２　NO → (繰り返し)
YES ↓

| 指示　まねします。長くなるよ。⑤「ああ美しい」⑥「日本の旗は」|

◇まねして歌う　NO → (繰り返し)
YES ↓

| 学習終了　「ひのまる」が歌える。|

―――★どの子も歌う‼　ユニバーサルポイント★―――
☆１　アカペラで歌って聴かせてまねさせる。集中して聴くことができる。
☆２　全体に目線を送りながら、わくわくするような表情をつけて歌う。

Ⅱ　どの子にも優しい歌唱指導

❷　覚えて歌う〜イラストフラッシュカードで視覚支援〜　コマ２・コマ３：
　　各３分間

♪しろじに　　　♪あかく　　　　♪ああ美しい　　♪日本の旗は
　　　　　　　♪ひのまるそめて

❸　歌い方の工夫　コマ４：５分
T：「♪ああ、美しい」の歌い方を工夫します。
　●大きな声で「ああ」●小さい声で「ああ」●にこにこ笑顔で「ああ」●怒った声で「ああ」など、楽しくやってみせてまねさせる。☆１
T：一番いいなと思う歌い方で歌います。☆２
T：動作を入れてもかまいません。☆３
　　１年生なりのかわいらしいフリが子どもたちから生まれてくる。歌い方もそれに倣って変わってくる。

─────★どの子も歌う!! ユニバーサルポイント★─────
☆１　表情豊かに「ああ」を歌ってみせてまねさせる。
☆２　自分なりの歌い方を見つけさせる。うまくできない場合は、前ステップに戻る。自分なりの歌い方を見つけた子にお手本をさせるのもよい。
☆３　「ああ美しい」とふりをつけるとイメージしやすくなる。

❹　リズム伴奏をつけて楽しむ　コマ５：５分

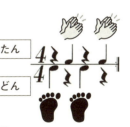

①手拍子と足拍子で
T：どんたんどんたんどんたんどんたん続けます。☆４☆５
②好きなリズム、楽器を選んで
T：「どん」か「たん」を選びます。☆６

─────★どの子も歌う!! ユニバーサルポイント★─────
☆４　大きなアクションで、楽しそうにやる。「どん」ができてから「たん」にうつる。休符を意識して打つ。
☆５　全体がのってきたら、アカペラで「ひのまる」を歌いながらやってみせる。一緒に歌わせる。
☆６　教室を２分。分担して「どん」と「たん」のリズムを打つ。「どん」から始めて流れにのってきたら、「たん」を加える。好きな楽器を選び、打たせる。

【高橋賢治】

まねっこ歌い2
―CDに合わせて歌えるようになる―

　高学年の歌唱指導では、CDを聴いてまねして歌えるようにする。聴くこと1回目は、聴くことに集中。歌わない。2回目は、自分にだけ聞こえる声で歌う。3回目はお隣だけに聞こえるように歌う。3回聴くことで、旋律を覚えることができる。

教材:「おぼろ月夜」　対象学年:6年
所要時間:2コマ計画　@5分×1コマ・@10分×1コマ　　準備物:音源
場所:教室または音楽室

❶ 「おぼろ月夜」が歌えるようになるまで　コマ1:5分間

| 学習開始　新曲　歌唱指導　「おぼろ月夜」が歌えるようになる。 |

↓

| 指示　聴きます。絶対に歌ってはいけません。(1番) ☆1 |

↓

| 指示　自分にだけ聞こえる声で歌います。 |

↓

　　歌う。　　　CDに合わせる。　☆2　NO
　YES

↓

| 指示　お隣(先生)にだけ聞こえる声で歌いましょう。 |

↓

　　歌う。　　　CDに合わせる。　☆3　NO
　YES

↓

| 学習終了　「おぼろ月夜」が歌える。 |

―――★どの子も歌う‼ ユニバーサルポイント★―――
☆1　聴くことに集中させる。
☆2　自分にだけ聞こえればよいので安心できる。
☆3　回を重ねるごとに声を大きくしていき、変化のある繰り返しで歌えるようにする。

Ⅱ　どの子にも優しい歌唱指導　57

❷　**情景を思い浮かべて歌う**　コマ２：30分間
【第１時　20分】
①**歌詞を見ながら歌う**
　歌詞を確認しながら歌う。☆４
　別に印刷した歌詞カードを見せる。
　教科書は見せない。教科書には、子どもに先入観を与えてしまう写真が掲載されているので、ここでは見せないようにする。
②**歌詞を元に、情景を絵に表す**　☆５
Ｔ：菜の花は何色ですか。
Ｔ：「山の端」とはどういうことを表していますか。
Ｔ：「おぼろ月」とはどういう月ですか。
　　歌詞の内容を、一緒に確認する。
Ｔ：この歌は何時位の様子を表していますか。
Ｔ：月と太陽は、一緒に出ているのですか。
Ｔ：歌の様子を、絵に表します。１番、２番どちらかを選び、描きます。
　　言葉に注目し、歌詞から自分なりのイメージを把握させるのが目的だ。
　　図工の時間に描く絵とは違うことを伝える。時間のある子には、色で着色させる。
【第２時　10分】
③**前時に描いた絵を紹介する**
　月と太陽が両端に位置しているもの、月だけ出ているもの、山の端に太陽が沈もうとしているもの、お寺の鐘をクローズアップしているもの、菜の花畑に春風が舞っているもの等々、それぞれにイメージしている様子が違うのがわかる。
　実際には、夕日が沈み、代わって月が出てきている情景を表していると考えるのが普通だ。しかし、「入り日薄れ」という部分をまだ太陽が全部沈んでいないと捉えることも可能である。☆６
　細部の表現にこだわることで、この後歌っていく日本の歌を、歌詞の意味をよく考えながら歌うようになる。

　　　　　　　　　★どの子も歌う‼ ユニバーサルポイント★
☆４　覚える段階では見せていなかった歌詞を２回目で見せる。すると、耳で覚えていた音と歌詞が結びつき、より強く記憶される。
☆５　様子を想像するのが難しいお子さんがいる。歌詞をよく読み、実際に、情景を絵に表し視覚化することで、歌詞の内容を把握することができる。
☆６　一人一人、イメージする場面や情景が違う。それぞれの感じ方を知ることで、相手の思いや感じ方に触れることができる。

(参考実践：新曲指導　河原木孝浩氏)

25 覚えて歌おう１
―交互歌い、○抜き歌いなどで楽しく―

【吉川たえ】

　新曲指導は、音→表現→記号の順序で行う。聴くことに集中させ、覚えるまで変化のあるくりかえしで何度も歌わせることが、重要なポイントだ。
　楽しく、あきることなく、どの子も歌えるようになる。

```
教材：「はるがきた」文科省唱歌
対象学年：２年
所要時間：４コマ計画　＠５分×４コマ
準備物：音源
場所：教室または音楽室
```

❶ 歌えたら座る

「♪はるがきた　はるがきた　どこにきた～」歌って聴かせる。
Ｔ：立ちます。歌えたら座ります。
Ｔ：座ってからも歌います。
　教師の範唱を聴き、子どもは、それをまねして歌う。楽譜は見せない。☆１
　全員が座れるまで、褒め言葉をかけながら、繰り返し続ける。

❷ 交互歌い

Ａチーム：はるがきた　はるがきた
Ｂチーム：どこにきた
Ｔ：交代で歌いましょう。
　クラスをＡとＢのグループに分け、二小節ずつ、四小節ずつと区切って交互に立って、歌わせる。楽しく、フレーズ感も身に付く。☆２

★どの子も歌う‼
ユニバーサルポイント★

☆１　楽しい雰囲気作りの中、歌うのがポイント。覚えられない子には、そばで一緒に歌う。

☆２　どこで立ってよいか分からない子どもがいる。教師が、前に立ち合図を出すとよい。

II どの子にも優しい歌唱指導

❸ ○抜き歌い
歌詞の中の特定の文字を抜かして歌う。
T：「た」抜きで歌います。
　「はるがきた」の「た」を抜かして歌う。どのひらがなが多く使われているのか調べておく。
　2回目は、「き」にするなど、抜く文字を変える。子どもたちは、さらに熱中して歌う。☆3

❹ サイレントシンキング
T：先生が、パーの合図をしたら歌います。グーの合図をしたら心の中で歌います。
　子どもは、ゲーム感覚で楽しく覚え、また、教師をよく見るようになる。
　子どもたちの中に、グーの合図で間違って歌う子どもがいると、教室が笑いに包まれる。

❺ フラフープ歌い
T：「はるがきた　はるがきた」の輪　「どこにきた」の輪
T：「やまにきた　さとにきた」の輪　「のにもきた」の輪
T：1つのフラフープには、1人入れます。2人以上の場合は、ジャンケンします（音源を流す）。
　教師が歌いながら、フラフープを床に置いていく。フレーズごとに1人ずつ歌うことができる。フラフープを置くことにより、恥ずかしがり屋の子どもも、なぜか競って前に出て、歌ってしまう。
　これぞ、魔法のフラフープ。☆4

（河原木孝弘氏の追試）

> ★どの子も歌う‼
> ユニバーサルポイント★
>
> ☆3　抜く言葉は、黒板に板書する。そうすることで、安心して歌える。
> ☆4　学級の人数が多い場合や、前に出るのが苦手な子どもがいる場合は、1つのフラフープに2人入ってよいことにする。

【伊藤由紀子】

覚えて歌おう2
―名詞を切らずにまとまりとして歌う―

「たけのこ歌い」は、自分が歌いたいところを選び、歌う。歌う時は立って歌う。自分で選ぶところ、立って歌うという動きがあるところが、子どもの気持ちを惹きつける。楽しんでやっていくうちに、覚えて歌えるようになる。

教材：「おぼろ月夜」　対象学年：6年
所要時間：10分×1コマ　おまけ5分×3コマ
準備物：音源・縦書きの歌詞を拡大したもの・フラフープ4つ
場所：教室、音楽室

---

❶　だいたい歌えるようになった後、楽しく覚えるまで　10分

| 学習開始 | 「おぼろ月夜」を覚えて歌える。「たけのこ歌い」を楽しむ。 |

↓

| 提示 | 好きな歌詞（行）を選びます。☆1
選んだところは立って歌います。他のところは座ったまま歌います。☆2 |

↓

| 提示 | さっきと違う歌詞（行）を選びます。
今度は、立った時だけ歌います。
先生も歌います。先生が1人で立って歌うところがあったら、先生の勝ち！☆3 |

↓

| 提示 | 今まで選んでいない歌詞（行）を選びます。
伴奏（CDなし）で歌います。まるで、1人が歌っているかのように歌います。
「菜の花畑…」を歌う人は立ちましょう。☆4 |

↓

| 学習終了 | 「おぼろ月夜」を覚えて歌える。 |

★どの子も歌う!! ユニバーサルポイント★

☆1　自分が好きな歌詞を選ぶために、歌詞を何度も見ることになる。
☆2　座っている子たちに歌わせることで、立ちあがって歌う子も安心する。
☆3　「先生と対決」するとなると、俄然、燃える。人数が少なくても頑張れる。
☆4　初めに立たせることで、伴奏がなくても合わせて歌い始められる。

❷ 覚え方いろいろ

①名詞に○をつける　5分

T：名詞に○をつけます。名詞は「菜の花ばたけ」「入り日」などです。☆5

T：先生も○をつけていきます。
　　分からない人は、参考にします。☆6

T：名詞はひとまとまりで、歌います。

★どの子も歌う‼
ユニバーサルポイント★

☆5　「日本の歌」では、名詞がとても大切となる。名詞を切らずにまとまりとして歌うだけでも、聴きとりやすくなることを説明してもよい。

☆6　国語ではないので「分かった人をすごくほめる」意識で行うと取り組みやすい。

②マジックフラフープ（河原木孝弘氏の追試）で楽しむ　5分

赤　　　　黄　　　　青　　　　緑

フラフープを4つ並べる。

T：赤のフラフープは「菜の花ばたけに　入り日薄れ」、黄色は…。

T：1つの輪に2人、全部で8人しか入れません。赤い輪に入ってみたい人？☆7

T：（同様に黄、赤、緑と聞いていく）

③コーナー学習で楽しんで何度も歌う　5分

T：すきなコーナーを選んで歌いましょう。☆8

- 歌詞にあった写真を見て歌う。
- 歌詞の一部が虫食いにしてある掲示物を見ながら歌う。
- 指揮をしながら歌う。
- 心をこめて歌う。

★どの子も歌う‼　ユニバーサルポイント★

☆7　「入ってみたい人？」と勢いよく言うと、思わず手を挙げてしまう子がいる。手を挙げたことをおおいに褒めることで楽しさが倍増する。

☆8　飽きることなく、何度も歌うことで自然に覚えることができる。

【後藤千鶴】

27 思いや意図を持って歌おう1
―曲の山を見つけて工夫しよう―

　子どもたちは繰り返し歌ううちに、自然と気持ちが盛り上がってくるところを見つけ出す。そこが曲の山だ。曲の山を見つけたら、その表現を工夫しよう。最初は、教師と一緒にやっていく。次からは、教わった方法を使ってできるようになる。

教材：「冬げしき」　対象学年：5年
所要時間：3コマ計画　@5分×1コマ・@10分×2コマ
準備物：音源、2コマ目から拡大楽譜・工夫ヒントカード
場所：教室または音楽室

---

❶　新曲指導で、「冬げしき」を歌えるようになる　コマ1：5分
　　楽譜を見せずフレーズごと範唱（伴奏なし）→まねして歌うの繰り返し。☆1

❷　音楽クイズで「冬げしき」の曲の山を見つける　コマ2：10分
T：出てくる言葉に注目して歌いましょう。
　♪1番を通して歌う。☆1
T：1番の歌詞クイズ。※☆2☆3
Q．季節は？　　　　　A．冬。
Q．一日のうちのいつか。A．朝。
Q．場所はどこか。　　A．港江。
Q．聞こえてくる音は。　A．水鳥の声。
Q．他にも聞こえる音は。A．ない。ただ水鳥の…とあるから。
Q．曲の山は何段目？　　A．「ただ水鳥の声はして～」の3段目。
T：曲の山の音の動きを手でなぞってみよう。音程の高い所に向かって、大きさも大きくなります。　　　　＜準備：拡大楽譜　音符をつなぐ線を記入＞
　　手をつけてまねをしてみましょう。
　　♪　たーだ　みずとりのー　こーえはしてー☆3
T：曲の山の盛り上がりを意識して、みんなで1番を通して歌いましょう。☆4
　※冬げしきの歌詞クイズは、2番、3番も楽しくできる

★どの子も歌う!! ユニバーサルポイント★

☆1　情景を表す、ポイントとなる言葉を黒板に板書で示しておく。
☆2　テンポよくクイズを出す。隣や周りと相談できる雰囲気で明るく進める。
☆3　教師が音程の動きを手で示し、まねをさせて、できたことをほめる。
☆4　声の大きさを表すように身振り手振りで示して、一緒に歌う。

Ⅱ　どの子にも優しい歌唱指導　63

❸　曲の山を感じて、工夫して歌おう　　コマ３：10分
T：今日は、曲の山の歌い方の工夫をします。
　　以下の工夫をヒントとする。アカペラで歌って聴かせまねさせる。☆5
　　イメージできれば、すべての方法をやらなくてもよい。

●大きさを変えて　①音の高さに合わせて強弱をつける
　　　　　　　　　②だんだん大きく　③だんだん小さく
●歌い方を変えて　①レガート（音をつなげて）
　　　　　　　　　②マルカート（はっきりアクセント）
　　　　　　　　　③スタッカート（短く切って）

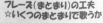

●速さを変えて　　①速く　②少し速く　③少し遅く　④遅く
●フレーズ（まとまり）を変えて　①１つで　「ただ水鳥の声はして」
　　　　　　　　　　　　　　　　②２つに分けて　「ただ水鳥の」「声はして」
　　　　　　　　　　　　　　　　③３つに分けて　「ただ」「水鳥の」「声はして」

※フレーズごと、１つの円になるように正面に描きながら
　歌うと分かりやすい。
＜例＞フレーズ３つに分ける場合

（ただ）　（水鳥の）　（声はして～）

T：これらを組合わせてグループごとに、一番いいなと思う
　　歌い方で歌います。☆6
　　歌の情景、歌詞に合う歌い方を工夫してみよう。
　　グループごと、自由に練習する。
　　発表できそうなグループに、発表させる。☆7
　　考えた大きさは○○、歌い方は○○、など言ってから発表してもいい。

───────★どの子も歌う‼　ユニバーサルポイント★───────
　☆5　工夫メニューを掲示して見通しを持たせる。
　☆6　好きな方を選ぶことでやる気がわく。
　☆7　全員が発表しなくてもよいこととし、安心させて取り組ませる。

【石川和美】

思いや意図を持って歌おう2
―歌の始め・歌の終わりの歌い方を工夫しよう―

歌いだしはどんなふうに歌いたい？　終わり方は？　いきなり問われてもとまどうだけだ。まずは例を示し、選ばせて、やらせてみる。友だちの表現を聴き、自分の表現と比べ修正していく。1つ学べば、次の楽曲に応用が効く。

教材：「Believe」　対象学年：5年
所要時間：5コマ計画　＠3分×1コマ・＠5分×4コマ
準備物：音源　　場所：音楽室

❶ 「歌の始め・歌の終わり」の歌い方の工夫　　コマ1・コマ2：各5分間

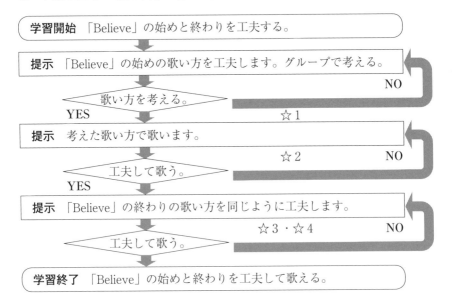

──────── ★どの子も歌う!!　ユニバーサルポイント★ ────────
☆1　歌い始めは、「優しい声で語りかけるように歌いましょう」等と例を示す。
☆2　どの子の表現も、「いいね」と認める。
☆3　歌い終わりは、「遠くの人に伝えるようにたっぷり伸ばしましょう」等と例を示す。
☆4　同じ活動を繰り返すことで、見通しがもちやすくなる。

Ⅱ　どの子にも優しい歌唱指導　65

❷　友だちの発表を聴く　コマ3：5分間
T：グループで発表します。☆5
　　各グループの良さを全体に広げる。
T：友だちの工夫の良さを見つけましょう。☆6
　　お互いに良さを伝え合う。

　　　　　★どの子も歌う‼　ユニバーサルポイント★
　☆5　それぞれの工夫の良さを伝えることで、工夫することの良さを共有できる。
　☆6　友だちの工夫を見て、自分の歌い方の参考にできる。

❸　歌い方の工夫　コマ4：3分間
T：歌い方をいろいろと変えてみましょう。☆7

| 強弱 | 速度 | フレーズ | だんだん強く | だんだん弱く |

f　p　♩=96　　＜　＞

T：一番いいなと思う歌い方で歌います。☆8
　　様々な歌い方を知り、自分たちの表現に生かす。

　　　　　★どの子も歌う‼　ユニバーサルポイント★
　☆7　「歌い方のポイント」を選べることで、誰もが工夫できる。
　☆8　グループで一番いいなと思う歌い方を相談して、見つけさせる。

❹　さらに工夫する　コマ5：5分
①よりよい歌い方を工夫する☆9
T：友だちの発表や歌い方のポイントを参考にして、もっとよい歌い方を考えましょう。
②1曲通して歌う
T：歌の始めと終わりを工夫して、1曲通して歌いましょう。☆10

　　　　　★どの子も歌う‼　ユニバーサルポイント★
　☆9　工夫していた点をほめる。
　☆10　見つけた歌い方の工夫は、他のフレーズでも生かすことができる。

29 特別支援学級での歌唱指導
— 「北風小僧の寒太郎」が歌えるまで —

【河野聖子】

教材：「北風小僧の寒太郎」：井出隆夫作詞：福田和禾子作曲（教育出版　4年）
対象学年：1～6年　知的学級・情緒学級
所要時間：5コマ計画　＠5分×5コマ
準備物：音源、イラスト
場所：教室または音楽室

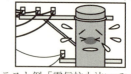
イラスト例「電信柱も泣いている」

❶ 「北風小僧の寒太郎」が歌えるようになるまで　コマ1：5分間

| 学習開始　歌唱「北風小僧の寒太郎」 |

1　楽しみながらたくさん聴く
①出てくるのは誰ですか
②場所はどこですか
③どんな風が吹いていますか
↓
聴くループ
☆1

2　寒太郎検定
指示　「かんたろ～!!」と呼びます。
元気に言える　No／Yes ☆2
指示　かんたろ～!検定をします。先生のところまで声が届いたら合格。
指示　先生の歌に続いて、「寒太郎！」と呼びます。歌うときは立ちます。

3　擬態語を工夫して歌う
北風のまねっこ　ヒューン
①空っ風
②山おろし
③そよ風
↓
北風のまねっこループ

4　歌を覚える
指示　追い歌い、先生の後について歌います（イラストを見せながら）。
歌える　No／Yes ☆3
指示　通して歌います。

Ⅱ　どの子にも優しい歌唱指導

❷　振り付けや役割歌いで楽しく

```
指示　「冬でございます」検定
　　　（片足立ちの振り付き）まねし
　　　ます。
            ↓
        振り付きで歌える
      No          Yes
指示　通して歌います。

4　役割交代して歌う

指示　寒太郎と北風に分かれて歌い
　　　ます。Aチーム寒太郎、Bチー
　　　ム北風。歌うときは立ちます。
☆4
指示　A、B役割を交代。
```

```
5　2人組で歌う

指示　2人組。役割を決めて歌いま
　　　す。
指示　交代して歌います。
指示　他の人と2人組になります。
指示　交代して歌います。
            ↓
           歌える
      No          Yes
学習終了　「北風小僧の寒太郎」が
　　　　　歌える。
```

追試：飯田清美氏（ヒューン検定、ございますの振り付け）、豊田雅子氏（イラスト提示）

★どの子も歌う‼ ユニバーサルポイント★

☆1　聴覚入力が弱い子、集中が続かない子でも、短いフレーズなら聴くことができる。発問することで聴くポイントがわかり、集中して聴くことができる。

☆2　声を出すことに自信がない子でも、かけ声やオノマトペなら比較的声を出しやすい。検定を通して自信をつけられる。

☆3　イラストを見せながら歌うことで、情景をイメージでき、歌詞が覚えやすくなる。

☆4　初めは列ごとで隣の子と一緒の動きにすると自分の順番がわかりやすくなる。歌うときに立つようにするといつ歌うのかがわかる。

特別支援学級では集中して聴くことが苦手な子、短期記憶が苦手な子、自信が持てず声が小さくなる子等がいる。そのような子どもたちには、変化のある繰り返しで何回も聴かせたり、検定を通して自信をつけさせたりすることで、歌声が響く学級になっていく。

【前田周子】

音がはずれる子1
―恥ずかしい思いをしている子への配慮―

どの子も歌えるようになる、この配慮！

歌が得意な子がいれば苦手な子もいる。そんな苦手な子に対して「音がはずれている」と言ってはいけない。周りの子どもたちにも言わせてはいけない。恥ずかしい思いをさせないためには、はずれないように指導することが大切である。

教材：合唱曲　　対象学年：支援級4年
所要時間：＠3分〜5分×必要に応じて
準備物：ピアノまたはオルガン　　場所：音楽室等

❶ 音程の取れないの児童の指導について

普段の指導をしていてもどうしても音程の取れない子がいる。そういう子に対しては、一斉指導の中での指導が難しい。しかし、ちょっとの個別指導をするだけで改善することがある。あきらめずに根気よく個別指導していくことが大切である。隙間時間を使って次のように指導する。

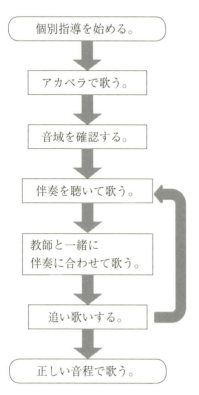

★安心して歌うことができる‼
　ユニバーサルポイント★

1　音高の感覚があっても、音域が低い時がある。正しい音程ではなくても音域が違うだけで旋律が歌えていることをほめ、安心して歌えるようにする。
2　はじめのうちは、本人の音域に合わせて伴奏を転調して支援する（転調できる電気オルガン可）。
3　一緒に歌って声を重ねることで、耳から聴いて合わせる練習ができる。
4　個別指導の時間の最後に、できるようになったことを振り返り、自信をもって歌えるようにする。

Ⅲ どの子も歌えるようになる、この配慮！　69

❷ 支援級の児童が歌えるようになるまでの指導

　以前、合唱クラブに所属する支援級の児童に個別指導したことがある。Aくんは、みんなの中で一緒に歌うことに抵抗はなかったが、音程が取れず一本調子になってしまっていた。周囲の児童はAくんの音がはずれてしまうことに気付いていたが、全くそれについて注意することもなく、いつも温かい声で包み込んでいた。私は何とかしたくて、こっそり音楽室に呼び、個別指導した。

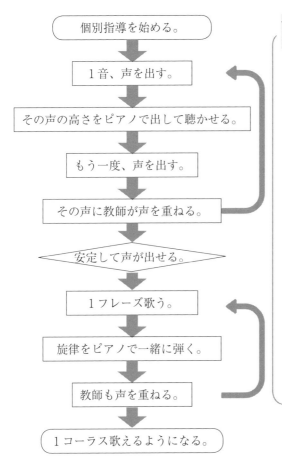

★安心して歌うことができる‼
　ユニバーサルポイント★

1　声に楽器を重ねるとそれだけで自分の声がわからなくなり、声が不安定になる子がいる。それはよくあることだと励まし、声を出すことへの不安感を取り除く。
2　声に声を重ねても音程が不安定になる子がいる。「よく聴いてるね。耳がいい証拠だ」とほめ、聴きながら声を合わせることを感覚的につかませる。
3　音が上がったり下がったりする感覚をつかめるようになってから、旋律へと段階を上げていく。
4　1回の個別指導だけでは成果は現れない。粘り強く、楽しく個別指導を重ねていく。

　何回か個別指導を重ねた結果、ある日突然、音が安定した時がやってきた。そして、次に、いつも歌っている合唱曲の始めの1コーラスを正しい音程で歌えるようになった。Aくんは、とても音域が狭く、全曲正しい音程で歌うには、まだ、時間が必要だった。しかし、1コーラス歌えるようになったことが、本当に嬉しくて、合唱クラブの子どもたちの前で歌う機会を作った。周りの子どもたちはAくんの歌声に拍手し、その後の合唱は本当に優しい響きに包まれた合唱になった。

【永田智子】

音がはずれる子2
―2部合唱に挑戦するまでの支援―

　音がはずれてしまう子への配慮は、さりげなく行いたい。決して指摘することなく、明るい表情で、楽しそうにやってみせてまねさせることだ。皆の間を歌いめぐりながら、苦手な子の傍で歌い合わせたい。あたたかな目線で、「大丈夫」と励ましたい。

```
教材:「広い空の下で」　対象学年:5年
所要時間:5コマ計画　@10分×5コマ
準備物:CD　　場所:音楽室
```

❶ 「広い空の下で」（上パート）が歌えるようになるまで　　コマ1:10分間

> 学習開始　新曲　歌唱指導「広い空の下で」（上パート）を歌う。

> 指示　「広い空の下で」を歌います。

> 指示　範唱を聴きます（全曲）。

> 指示　まねします。①「風がきらめく〜」
> 　　　　　　　　　②「昨日明日〜」

まねして歌う。　☆1 ☆2 ☆3　NO
　　　YES

> 指示　まねします。③「見上げれば青空〜」
> 　　　　　　　　　④「出会えたことは〜」

まねして歌う。　☆3　NO
　　　YES

> 学習終了　「広い空の下で」（高音パート）が歌える。

★どの子も歌う‼ ユニバーサルポイント★
☆1　アカペラで歌って聴かせてまねさせる。
☆2　全体に目線を送りながら、音が取りにくい子どもの近くで歌う。
☆3　まねできていることをほめる。

❷ 下パートを音取りするための支援　コマ2・コマ3：各10分間

音の高さを、ピアノなどの音だけでは、聴き取りにくい子どもに対して、手を使って音の高さを表す（手の甲を上、手のひらを下に向けて）。☆4

```
ミ………腰のあたり
ファ……お腹の高さ
ソ………胸の高さ
ラ………首の高さ
シ………顎の高さ
高いド…鼻の高さ
```

下パートが大体歌えるようになったら、CDなどで「高音パート」を聞きながら、下パートを全員が歌う。音が取りにくい子どもは、違う旋律が入ると、とたんに歌えなくなることがあるので、CDの音を最初は小さくして歌う。☆5

―――――★どの子も歌う‼ ユニバーサルポイント★―――――
☆4　下パートは範唱と、手の動きで歌ってみせて、音の高さを感じさせる。
☆5　うまくできない場合は、音がとれている子どもの近くで歌わせる。

❸ 2部合唱に挑戦するための支援　コマ4：10分

T：2部合唱になっている部分を練習します。

T：自分が歌いやすいほうのパートを歌います。☆6
T：パート発表会をします。歌声10点、表情10点、動き10点　合計30。☆7
　　グループでの個別評定で、評価されることによって自信がついてくる。

❹ 2部合唱をして楽しむ　コマ5：10分

T：お互い近くに立って、2部合唱をします。☆6☆7

　　CDなどの音源を使い、2部合唱発表会をする。この時、映像を撮り、鑑賞会をする。歌声だけでなく、表情なども見られるので全員をほめることで自信がついてくる。

―――――★どの子も歌う‼ ユニバーサルポイント★―――――
☆6　自分が自信の持てるパートを選ばせる。
☆7　音程だけでなく、表情などを評定する。

【高橋賢治】

32 声の調節がうまくできない子1
―声の調節がうまくできない子への配慮―

　声の大きさを調節できない子がいる。大音量で歌う。本人は自分の声が大きいことに気が付いているが、自分ではどうしようもできなくて恥ずかしい思いをしている。解決には、あらゆる手立てをとる。教師があきらめないことだ。

❶　全体→個人→全体

```
┌─────────────────────────────────────────────┐
│ 学習開始　曲に合わせた声の大きさで歌えるようになる。│
└─────────────────────────────────────────────┘
                    ↓
┌─────────────────────────────────────────────┐
│ 提示　いろいろな大きさで歌ってみる。         │
│　　　　ささやき声・応援団が応援する時の声など。│
└─────────────────────────────────────────────┘
                    ↓
              ＜歌う。＞ ☆1　　　NO ──┐
             YES ↓                     │
┌─────────────────────────────────────┤
│ 提示　曲に合った声の大きさを考えながら、それぞれ個別で練習する。│
└─────────────────────────────────────┤
                    ↓                  │
              ＜練習。＞ ☆2　　　NO ──┤
             YES ↓                     │
┌─────────────────────────────────────┤
│ 提示　曲に合った声の大きさはどれぐらいか、工夫する。│
└─────────────────────────────────────┤
                    ↓                  │
             ＜全員で歌う。＞ ☆3　 NO ─┘
             YES ↓
┌─────────────────────────────────────────────┐
│ 学習終了　曲に合わせた声の大きさで歌える。　│
└─────────────────────────────────────────────┘
```

───── ★どの子も歌う!! ユニバーサルポイント★ ─────

☆1　「大きい」「小さい」は人によって違う。イメージがしづらい。「隣の人にささやくように」「遠くの人に向かって」というように、具体的な場面がイメージできるような指示をすることで、イメージと声の大きさを繋げることができる。

☆2　全員で歌うと目立ってしまい、恥ずかしい思いをするが、個人練習の際はそれぞれが歌っているので目立たず、個別指導がしやすい。

☆3　全体で大きさを確認することにより、意識を強くして歌うことができる。

Ⅲ　どの子も歌えるようになる、この配慮！　73

❷　個別指導の方法
①声の大きさを視覚化して教える

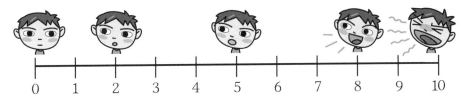

T：今の声の大きさは、「8」だったから、次は「5」で歌ってみよう。

　声の大きさを調節できない子は、自分の出した声がどれぐらいの大きさだったか分からないことが多い。上のようなスケールを紙に描き、示すと自覚し、修正できる。少しでも変化したら「いいね」「ぴったり5だったね」などとほめる。

　また、その場で紙が無い場合などは、手で大きさを示すことで、声の大きさを視覚化することができる。歌っている途中で示すことで調節ができる。☆4

②一緒に歌う
T：先生の声を聞きながら歌いましょう。☆5

　声の大きさを調節できない子には、歌うことに精一杯で聴くことに意識が行っていないことがある。自分の声しか聞こえていない状態では、声の大きさの調節は難しい。聴くことに意識を向かわせる手立ては、1フレーズ歌ったところで確認することだ。

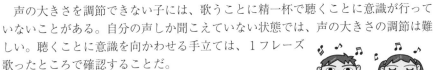

T：先生の声は聞こえましたか。

　「聞こえました」という答えなら「先生は少し小さい声で歌うから、先生の声が聞こえるぐらいの声の大きさで続きを歌いましょう」と言う。

　「聞こえませんでした」という答えなら「先生の声が聞こえるように、声を小さくして歌いましょう」と言う。これを繰り返し、段々と教師の声を小さくしていくことで声の調節ができるようになる。

　「みんなと歌う時は、お隣さんの声が聞こえる声の大きさで歌いましょう」と伝え、周りの声を聞きながら歌うことを意識させていく。

───★どの子も歌う!! ユニバーサルポイント★───

☆4　最初は微妙な調整ができないが、少しでも声を調節しようとしていたらほめる。スケールや手で示す他に、ステレオのボリュームを操作する仕草が有効な子もいた。

☆5　教師の声の大きさを変える他に、距離を遠ざけていくことも有効だ。最初は耳元で、次はすぐ隣、その後は一歩ずつ横にずれる、というように距離を離していく。

【豊田雅子】

33 声の調節がうまくできない子2
― 変声期を迎えた子は「ダンディーズ」―

変声期とは何か、どんなことが起きるのかを事前に知らせる。どのように歌っていたらよいのかを教えることで子どもは恥ずかしい思いをせずに授業に参加できる。

❶ 変声期を迎えるにあたって

子どもたちからこんな相談を受ける。
①なんとなく声が出にくい。
②高音が出ない。
③声がかすれる。
④のどがむずむずする。
⑤音程がとれない子

このような時、個別だけでなく、全体にも指導をする。

T：のどには声帯というのがあって、声を出す時には閉じています。それがビリビリと響いて声になります。

息をする時は開く。　声を出す時は閉まり、声帯がビリビリと振動する。

T：声帯が厚くなり変声するということは、喉仏が前に出て、声帯が引っ張られ長くなり、声が低くなることです。

この時、言葉だけではイメージが湧かないので、ギターの細い弦と太い弦を使ったり、ソプラノリコーダーとアルトリコーダーを使ったりして音の高低を確かめる。

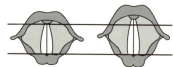

喉仏が前に出ると、声帯が引っ張られて長くなり、厚みを増す。

さらに成長の過程でどのようなことが起きるのかも教える。

T：歌いにくい時期がしばらく続きます。
　例えば、
　　①声域が狭くなる。
　　②声が裏返る。
　　③声の高さが合わせにくい。
　ということがあります。
　安定するまでにしばらくかかります。

―――★ユニバーサルポイント★―――
・変声とはどんなことが起きるのかを教える。
・成長の過程であり、一過性であることを教える。
・変声を迎えている児童生徒が安心して声を出せる環境にする。

Ⅲ　どの子も歌えるようになる、この配慮！　75

❷　変声期まっただなかの子どもたち

大きな声で歌わせようとすると歌いにくそうにする。声が裏返ったり、どの高さの声で出すのかがわからず、高かったり低かったり安定しない。このような場合は隣に行って、「まねしてごらん」と低い声をまねさせる。ただし、全体を歌わせている中、一人一人の声をチェックしながら対応する。

★どの子も歌う‼ ユニバーサルポイント★
・全体が歌っている中、個別対応をする。
・女性の先生も、低い声を出して、低い感じや低い音域を出す姿を見せる。
・隣に行って、低い声をまねさせて、「そう、その声！」とどの声の高さがよいのかを知らせる。

❸　ダンディーズ（横崎実践）

変声を迎える頃、対象児童生徒はまだまだ少数派だ。だからこそ、「ダンディーズ」と命名し特別な存在にする。変声の仲間「ダンディーズ」を集めて、歌の練習をする。仲間がいると、多少声が裏返ったり、かすれたりしても気にすることが減る。
音域はわかりやすく、女の子、男の子、ダンディーズと分けて指導する。

★どの子も歌う‼ ユニバーサルポイント★
・ダンディーズは女声のオクターブ下を歌うなど、教材によって、歌いやすい音域を歌わせる。
・ダンディーズは点在させず、固めて歌わせる。
・声が裏返ったりかすれたりすることは気にさせない。

❹　ボーイズ

変声前の中学生には、逆に嫌な思いをしている生徒もいる。高い方を歌いたいと名乗りを上げる生徒がいるくらいだ。「ボーイズ」と名付け、ソプラノやアルトに配属する。そのまま、合唱祭で歌いあげてしまう。

★どの子も歌う‼ ユニバーサルポイント★
・ボーイズは本人の意思確認と声の調子を見ながら進めていく。
・ボーイズの声に変調があらわれたり、本人の意思が変わってきたりしたらすぐに立ち位置を変更する。
・合唱祭の立ち位置は、本人との意思確認を必ず行う。担任が見た目ばかり重視すると本人の歌声が追い付かない時がある。

【鈴木恭子】

集中して聴けない子１
―役割分担などして歌うと、集中できる―

♪あれマツムシがないている♪チンチロチンチロチンチロリン……人役（呼びかけ）と虫役（答え）の構造が、楽しく歌ううちにわかる。１つの歌をただ歌うだけならすぐに飽きてしまうが、呼びかけや動作を入れるだけでぐっと集中できる。

教材：「虫のこえ」　対象学年：２年
所要時間：５コマ計画　@３分×３コマ・@５分×２コマ
準備物：音源・リズム楽器（タンブリン、鈴、ウッドブロック等）
場所：教室または音楽室

❶ 楽しい活動で巻き込む　コマ１：３分間

| 学習開始 | 「虫のこえ」を楽しく歌う。☆１ |

↓

| 提示 | 役割分担して歌う。教師は「人」子どもは「虫の声」を歌う。 |

T：虫はどこにいるのかな？
C：「草むら」に隠れているよ。
T：見えないように隠れてごらん。

↓

| 提示 | 役割を変えて歌う。☆２ |

①女の子が「人」、男の子が「虫」。
②男の子が「人」、女の子が「虫」。
③やりたい方を選んで歌ってね。　NO

役割を代えて歌う

YES

| 提示 | 歌い方を工夫（声の強弱）して歌う。☆３☆４ |

①人：虫の声が聞こえて来た時はどんな声で歌う？
②虫：教室のどこに隠れていてもいいよ。

↓

| 学習終了 | 「虫のこえ」が楽しく歌える。 |

Ⅲ　どの子も歌えるようになる、この配慮！

★どの子も熱中する‼ ユニバーサルポイント★
☆1　いつも同じ歌い方では飽きてしまう。
☆2　ささやくような「人の声」と自慢げに歌う「虫の声」を対比して歌う。
☆3　虫の声を聞く動作や隠れている虫を表現する動きをつける。
☆4　工夫していることをおおげさにほめる。

❷ 「分ける」「動作をつける」ことで、状況を把握する
　　コマ2・コマ3：各3分間

★どの子も熱中‼ ユニバーサルポイント★
☆5　自分の歌うところを指定することで、集中する。
☆6　先生が、「あれ？！」と動作をつけると、歌詞の意味が伝わる。
☆7　動きの楽しみから、歌詞に関わる動作に意識を向けさせると、さらに熱中する。教室内で隠れる場所を選ばせることも楽しい。

❸　歌い方の工夫　コマ4：5分
T：『♪ああ、おもしろい』の歌い方を工夫します。
　●大きな声で「ああ」●小さい声で「ああ」●にこにこ笑顔で「ああ」●怒った声で「ああ」など、楽しくやってみせてまねさせる。☆8
T：一番いいなと思う歌い方で歌います。☆9
T：動作を入れてもかまいません。☆10
　　2年生なりのかわいらしいフリが子どもたちから生まれてくる。歌い方もそれに倣って変わってくる。

★どの子も熱中‼ ユニバーサルポイント★
☆8　表情豊かに「ああ」を歌ってみせてまねさせる。
☆9　自分なりの歌い方を見つけさせる。うまくできない場合は、前ステップに戻る。自分なりの歌い方を見つけた子にお手本をさせるのもよい。
☆10　「ああおもしろい」と振りをつけるとイメージしやすくなる。

❹ 「虫のこえ」をリズム楽器（手作り楽器）で楽しむ　コマ5：5分
①合う楽器探しをする
T：どんな音が合うかな？　好きな音探しをする。
②発表会をする　友だちの発表と自分の表現を比べて、自分の表現を修正する。

【鈴木恭子】

集中して聴けない子2
―視覚支援も時には必要―

難しい歌詞の意味は、絵や写真で見せるとすっきりわかる。スキップリズム（タッカタッカ……）や曲の山の理屈は、たっぷりと身体活動を楽しんだ後に楽譜をみせるとすっきりわかる。

教材：「こいのぼり」　対象学年：5年
所要時間：5コマ計画　＠5分×3コマ　3分×2
準備物：CD音源　　場所：音楽室

---

❶ 「こいのぼり」♪いらかの波と～歌詞の意味を問いながら、情景の景色
　を板書する　　　　　　　　　　　　　　　☆1☆2☆3
①難語句を教科書の解説を読みながら、意味を知る　コマ1：＠5分
　①いらかの波……瓦の屋根が波のように重なっている。
　②雲の波…………雲も波のように見える（ひつじ雲＜高積雲＞）。
　③中空……………いらかの波と雲の波の間の空。
　④たちばな………白い花、初夏のさわやかな香りのする花。
　⑤こいのぼり……子どもの成長を願う節句に飾る。

Ⅲ　どの子も歌えるようになる、この配慮！

★どの子も歌える!! ユニバーサルポイント★
- ☆1　言葉の意味を表す写真や絵を提示する
- ☆2　CDに合わせて情景を指しながら歌う。
- ☆3　歌詞の流れが、視点の移動をしながら表現されていることに気づき、全体の情景を捉えることができる。

❷　スキップリズムを体感する

①ひざうちをする。
②その場でスキップをする。
③スキップをしながら動く。
④曲の感じがちがう3段目♪たちばなかおる～はのびやかに歌う。

❸　♪「高くおよぐやこいのぼり」検定をする

①曲の山を見つける
T：曲の山を見つけます。
　　曲の山は、歌っていて気持ちが盛り上がってくるところだ。
　　何度も歌ううちに、見つけることができる。

②検定をする
T：2人組で練習します。
　①ペアをつくる。
　②向かい合って歌う。（3回CDを流す。）
　③相手の声が聞こえたら、相手との距離を広くする。
T：高くおよぐや検定です。
　　自信のある2人組から、歌う。

【櫻井あかね】

歌わない子1
―歌いたいけど自信がなくて歌えない子への配慮―

雰囲気づくりが大事だ。自信がなくて歌えないのは、クラスの雰囲気が関係している場合がある。出会いの場面や、雰囲気が固いクラスには工夫が必要だ。声出ししただけでよしとする。

❶ 声を出せれば、まずは合格とする

> 学習開始　声を出せるようになる。

> 指示　「なまむぎ　なまごめ　なまたまご」×3回
> 　　　言ったら座ります。全員起立！

＊提示1 or 提示2 or 提示3　へ

> 提示1　今から自己紹介をしてもらいます。手順は次の通りです。
> 「なまむぎ　なまごめ　なまたまご×3回　○○○（名前を言う）です。よろしくお願いします」

> 提示2　先生が手拍子した数の人数でグループを作ります。
> 全員で「なまむぎ　なまごめ　なまたまご　×3回言ったら　その場に座ります」
> ＊先生、手拍子する（クラスの人数を考えて端数が出ないような数を工夫する）。

> 提示3　声回しをします。1人1回ずつ「なまむぎ　なまごめ　なまたまご」を言います（言う順番を確認）。
> 時間を図ります。タイムが短くなるよう工夫します。

> 学習終了　楽しく声を出せる。

―――――★どの子も声を出す‼ ユニバーサルポイント★―――――
1　良さを見つけてほめまくる。
2　失敗してもいいんだよ、というメッセージを伝えながら行う。
3　笑顔で楽しくやる。

III　どの子も歌えるようになる、この配慮！　81

声の出し方が分からないから歌わない生徒もいる。様々な音域や発声を歌以外で行うと自然と声が出しやすくなる。
　高学年より上であれば、変声期について、詳しく伝える授業をしてから始める。

❷　いろいろな種類の声が出せたら、なおよしとする

```
学習開始　いろんな種類の声を出してから、歌う。
```

```
提示　いろんな声を出して発声練習をします。
　　　①高い声（オオカミの声・サイレン・マダム声・平井堅声・森山直太朗声）
　　　②低い声（役者の声・宝塚の男役声）
　　　③高い声　→　低い声　→　高い声
　　　＊すべて母音（お）で行う。
```

```
提示　その声のまま「お」で歌います。
　　　曲例：「エーデルワイス」「翼をください」「ふるさと」「ビリーブ」など
```

```
提示　「お」の響きを崩さず、歌詞で歌います。
　　　＊歌詞は覚えていなければ、歌詞を掲示し、正面を向いて歌わせる。
```

```
学習終了　ひびきのある声で歌える。
```

───────★どの子も歌う!!　ユニバーサルポイント★───────
1　上手な子、頑張っている子をほめる。
2　よくなった点を明確に伝える。
3　楽しく声を出させる。
4　教師が恥ずかしがらず、一番楽しむ。

＜選曲ポイント＞
・全員が知っている曲　または既習曲。
・速さはゆっくり、リズムもゆったりした曲。
・前奏がカッコいい曲。

【大鳥真由香】

37 歌わない子2
―歌えない状態の的確な見取りを―

歌わないのではない。歌えないのだ。今、どの状態にいるのかを的確にとらえ、きめ細かな配慮がある対応をすることで、どの子も、心を開放してのびのびと歌えるようになっていく。

教材：「花」　対象学年：中学3年生（ただし、すべての学年に応用可能）
所要時間：5分間　準備物：音源もしくはピアノ　場所：音楽室

❶　子どもたちの状態を的確に見取る

　学習開始　「声を出す」ことの抵抗を減らす。

　　　　　　　　　↓

　　　　　　なぜ子どもたちの声が出ないのか。

　　↓　　　　　　　　↓　　　　　　　　↓

教室内の人間関係	音が取りづらい	声が出にくい
①1人でやってみよう ②ペアでじゃんけん ③ペアで聞き合い	①まねっこ歌い ②音の階段 ③移調してみよう	①今日どうした？ ②叫んでみる？ ③鼻腔共鳴に挑戦！

　学習終了　「声を出す」ことの抵抗が減る。

　　　　★どの子も歌う!!　ユニバーサルポイント★
　1　笑顔で楽しくやる。
　2　全員ができるまで気長に、根気強くやる。
　3　個別評定を行い、「できている」状態の明確な基準を与える。
　4　だんだんと要求水準を上げていく。

❷　教室内の人間関係を改善する手立て
①1人でやってみよう
T：「♪春の」だけを1人で歌います。10秒練習。
　1人ずつ順番にリレーのように、つないで歌わせていく。

Ⅲ　どの子も歌えるようになる、この配慮！　83

　　1人で歌わせる経験を積ませるため「よし」「いいね」「はい」と声かけをする。
　　個別評定で明確に指導したい時は「A」「B」「C」の評定をする。
②**ペアでじゃんけん**
T：お隣さんと2人組。無理なら3人でOK。じゃんけんぽん。
T：勝った人？（手を挙げさせる）　負けた人？（手を挙げさせる）
T：勝った人だけ歌います。負けた人は静かに聞きます。
　　じゃんけんなら人間関係が悪くともできる。
　　じゃんけんができないほど人間関係がよくない場合は、担任に報告して、協力をあおぐ。
　　いつまでもじゃんけんをやっている場合は、「ここで手が挙がらないのは遅いね」と笑顔で詰める。
③**ペアで聞き合い**
T：勝った人、歌います。負けた人、聞きます。
　　「いいところを3つ探します」「口の開け方をチェックします」「響きに注目します」3つの観点を伝え、聞き合わせる。
T：いいところがお互い言えたら、座ります。
　　「どんなこと言ってもらったの？」と周りと共有する。慣れてきたら「改善点を1つだけ」言えるようにしていく。

❸　音が取りづらい子への手立て
①**まねっこ歌い**
T：先生の声に合わせて歌います。♪あ～
　　児童生徒の声の高い・低いは教師が判断して伝える（児童生徒自身が判断できないことが多い）。
②**音の階段**
T：先生のまねをします。
　　高い音は上を、低い音は下を指し示しながら歌う。
③**移調して歌う**
　　キーボードの移調機能を使って、曲自体の調を変えてしまう。

ドシラソファミレド

❹　声が出にくい子への手立て
①**体調が悪い、声が出にくい、児童生徒には無理に歌わせない。**
②**叫んでみよう**
T：叫んでもいいですから、できるだけ大きな声で。1人ずつ。
　　この場合は個別評定ではなく、「はい」「よし」「いいね」と肯定的に認める。

38 声づくり1
― 歌声返事・歌声リズム唱・『発声体操』①（1学期用）―

【横崎剛志】

教材：「ゆかいに歩けば」保富康午作詞／F.W.メラー作曲（教育芸術社4年）
対象学年：2年生以上　　所要時間：毎時間・2分
準備物：音源（CD、音源再生ができる電子オルガン）
　　　　スマートフォン⇒ポータブルスピーカー（bluetooth 接続）
場所：教室または音楽室

❶　準備（1時間目のみ）　裏声指導：2分

ステップ1：歌声返事
T：眉毛の外側を持ち上げながら、息を吸い上げて。歌
　　の声でお返事をします。
C：ハーーーーイ♩♩（裏声でロングトーン）

ステップ2：歌声リズム唱（模倣させる）
①イーチ♩　ニー♩　サーン♩　シー…ハーチ♩
②足踏みを入れながら①を行う。
③②を行いながら、ハーチ♩の時に手拍子を入れる。
④③を行いながら
　　イーチ♩ニー♩サーン♩シー♩（シーの時に手拍子）
　　イーチ♩ニー♩サーン♩シー♩（シーの時に手拍子）

❷　発声体操1学期バージョン　2分
「ゆかいに歩けば」に合わせて、次のように体操（発声）を行う。
＜1番＞　リズム唱ハイタッチ
前半32拍　イーチ♩　ニー♩　サーン♩　シー…ハーチ♩
　　　　　自由に歩きながらリズム唱、ハーチ♩の時に友だちとハイタッチ
後半32拍　イーチ♩　ニー♩　サーン♩　シー♩（シーの時にハイタッチ）
　　　　　イーチ♩　ニー♩　サーン♩　シー♩（シーの時にハイタッチ）

自由に歩くところからスタート

いろいろな友だちとハイタッチ！

＜2番＞　身体ほぐし⇒ため息ロングトーン
前半32拍　首回し（右回し16拍、左回し16拍）
後半32拍　4拍　眉毛を上げながら息の吸い上げ
　　　　　　4拍　ハ〜〜〜ァ♩　裏声でため息
　　　　　　4拍　眉毛を上げながら息の吸い上げ
　　　　　　4拍　ハ〜〜〜ァ♩　裏声でため息（声の入ったため息）
　　　　　　4拍　眉毛を上げながら息の吸い上げ
　　　　　　12拍　ハ〜〜〜〜〜〜〜ァ♩　ながーいため息（声をしっかり入れる）

リラックスして、ゆっくり首回し

しっかり吸い上げて、ため息。徐々に声を混ぜていく

＜3番＞　肩たたき　自分1人で⇒隣の人と
前半32拍　1人で肩たたき　8拍　右⇒8拍　左⇒4拍　右⇒4拍　左
　　　　　　　　　　　　　2拍　右⇒2拍　左⇒1拍　右⇒1拍　左
　　　　　　　　　　　　　1拍　手拍子　バンザイ♩
後半32拍　隣の人と　隣の人の肩を上のリズムで肩たたき

★どの子も歌う‼ ユニバーサルポイント★

1　模倣させる（できない子がいても気にせず、教師が楽しさの手本になる）。
2　裏声でしゃべることに慣れさせる。最初は弱々しい声でもそれを指摘しない。リズム唱は、数をはっきり唱えさせる。
3　肩たたき後半は徐々に難しくしていくとさらに楽しくなる。
　①向かい合って2人組
　②3人組⇒4人組くらいまで
　③列車のようにつながって後ろから
4　低学年で行う時のポイント！
　①慣れるまでは「8拍」の時だけでハイタッチ。混乱する子がいなくなるまで行う。
　②慣れたら「4拍」だけ⇒「8拍」と「4拍」子どもたちに合わせてゆっくりレベルアップする。楽しむことを優先する。

一人で肩たたき

二人で肩たたき

列車になって

【横崎剛志】

声づくり2
—いつの間にか歌う声づくりオールインワン!!『発声体操』②—

2学期・3学期は、こちらの『発声体操』を行う。

教材：「ゆかいに歩けば」保富康午作詞／F.W.メラー作曲(教育芸術社4年)
対象学年：4年生以上
所要時間：毎時間・2分
準備物：音源（CD、音源再生ができる電子オルガン）
スマートフォン⇒ポータブルスピーカー（bluetooth接続）
場所：教室または音楽室

★どの子も歌う‼ ユニバーサルポイント★

・技術的な内容なので、低学年（1～3年生）では行う必要はない。4年生以上で実施することが望ましい。
・発声体操1学期バージョンが楽しく行えていること。
・1学期バージョンの肩たたきを、「2人組」「3人組」「列車」など、いろいろなバリエーションで行えていること。
・発声体操で行う各発声パーツを指導してから体操を実施する。

❶ 発声体操　各パーツ

壺ブレス
・最後まで息を流し続けるトレーニング。
・「TU」（呼気音）と発しながら、壺の形に息を流す。
・後半にしっかりと息を流し、息を長く流し続けられるようにする。

壺の形に合わせて息を流す。手が広がった後半にしっかり息が出せるようにする。

ふくろう発声
・こいのぼりの口「WO」で発声。
・壺の形に声を広げていく。
・壺の形が広がった後半にしっかりと声を出す。その時の声が、今出る最大のボリュームであることを伝え、声の最大値を広げていく。

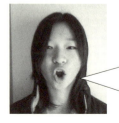

【こいのぼりの口】口角を内側に寄せて、唇を立てた縦開きの口。下あごが下がらないように注意する。

Ⅳ 楽しい!! ノンストレスの合唱指導　87

マヨネーズ（おなかの使い方）
・おへその上と下に手を当てて、息を吐く。おへその下はへこみ、おへその上は膨らむ感じ。ＨＯの発声に合わせおなかが動くことを体感させる。
・マヨネーズを意識して、ふくろう発声でロングトーンに挑戦しよう！

声量をアップするにはマヨネーズが必須！　声とおなかが段々つながってきます。

❷ **発声体操　１～３学期バージョン**　各２分

		１学期	２学期	３学期
			１　番	
８拍	ゆかいにあるけば	リズム唱　８拍目　ハイタッチ	首回し	リズム肩たたき
８拍	うたもはずむ	◆慣れてきたらハイタッチのタイミングを１～７拍のどこかに変更すると楽しい		◆様々なバリエーションで楽しむ（直前指示）
８拍	おひさまきらきら		首回し（反対方向）	
８拍	かぜもあおい			
８拍	バルデリーバルデラー	リズム唱　４拍目　ハイタッチ	息を吸い上げて　溜息	息を吸い上げて　溜息
８拍	バルデローバルデロホ…	◆慣れてきたらハイタッチのタイミングを１～３拍のどこかに変更すると楽しい	息を吸い上げて　溜息（声を増やして）	息を吸い上げて　溜息（声を増やして）
８拍	バルデリーバルデラー		息を吸い上げて　長い溜息	息を吸い上げて　長い溜息
８拍	ゆかいなたび			
			２　番	
８拍	たにまのおがわが	首回し（８拍で１回転）	リズム肩たたき（２人で）	壺ブレス（呼気だんだん強く）
８拍	はなしかける		◆向かい合い、後ろから	最後の４拍で吸う
８拍	きみたちどこまで	首回し（反対方向）		壺ブレス（呼気だんだん強く）
８拍	あるくのかね			最後の４拍で吸う
８拍	バルデリーバルデラー	息を吸い上げて　溜息	リズム肩たたき（複数で）	フクロウ音（だんだん強く）
８拍	バルデローバルデロホ…	息を吸い上げて　溜息（声を増やして）	◆人数の突然指示がおもしろい	最後の４拍で吸う
８拍	バルデリーバルデラー	息を吸い上げて　長い溜息		フクロウ音（だんだん強く）
８拍	ゆかいなたび			最後の４拍で吸う
			３　番	
８拍	みどりのこかげで	リズム肩たたき（１人で）	壺ブレス（呼気だんだん強く）	前半：ホで歌う
８拍	ひるねをすりゃ	◆歌声（裏声）で拍を唱える	最後の４拍で吸う	マヨネーズ
８拍	ことりがおいでと		壺ブレス（呼気だんだん強く）	◆おへその上下に手のひら
８拍	むかえにくる		最後の４拍で吸う	下腹部がへこみ、上腹部が出る
８拍	バルデリーバルデラー	リズム肩たたき（複数で）	フクロウ音（だんだん強く）	後半：ラで歌う（笑顔で）
８拍	バルデローバルデロホホ	◆横の列、縦の列、列車	最後の４拍で吸う	◆おなかを意識してレガートに歌う
８拍	バルデリーバルデラー	◆歌声（裏声）で拍を唱える	フクロウ音（だんだん強く）	
８拍	ゆかいなたび		最後の４拍で吸う	ホに戻る

声づくり3
―唱歌で作ろう‼ 歌う声～ハミング編―

「ふるさと」1曲で、歌う声作りができる。「RO」、「ハミング」、「口を開いたハミング」、「ンゴ」、次々と楽しくやっていく。毎時間続けることがうまくいく秘訣だ。

教材：「ふるさと」
対象学年：6年（メロディを覚えれば他学年でも可）
所要時間：コマ1：8分　コマ2：3分　コマ3以降：2分×毎時間
準備物：CD（「ふるさと」伴奏音源）　　場所：音楽室

---

❶「ふるさと」のメロディを覚える　コマ1　＠8分

> **ステップ1：範唱を聴く**
> CDもしくは教師の声で聴かせる。
> 楽譜や歌詞は見せず、音に集中させる。

ステップ2：小さな声で歌う

教師の声の場合
「RO」で歌う。
4小節ずつ、教師の追い歌いをさせる。☆1

CDの場合
「RO」で歌う。
CDに合わせて歌う。
CDの音が聞こえる程度の声で歌う。☆2

ステップ3：声量をあげていく
・回数を限定する。
「3回で覚えよう」
・声の大きさを限定する。
「半分くらいの声で歌おう」
「80％くらいの声で歌おう」
・最後は全員起立し、「今出せる一番いい声で歌おう」と指示する。☆3

★どの子も歌う‼　ユニバーサルポイント★

☆1　「RO」で歌う。メロディだけに集中できる。

☆2　中には張り切って大きな声で歌ってしまう子もいる。CD音源のメロディが聞こえる程度の声で歌うことで、自分の声を客観的に聞くことができる。

☆3　声を出すのが心配な子もいる。
「まだ自信がない人は小さな声でもいいですよ」自信をもって歌おうとする子もいる。「覚えた人は立ちます。後ろへ移動してまだ覚えていない人を後ろから支えてね」

IV 楽しい!! ノンストレスの合唱指導

❷ **歌う**　コマ2：3分
T：「RO」で歌います。
　　CD伴奏に合わせて1回歌う。
T：歌い方を変えます。ハミング歌い　☆4
　　8小節（半分）まで歌ったら、
T：「口を開いたハミング」歌い　☆5
　　後半8小節は「口を開いたハミング」で歌う。
T：「ンゴ」歌い　☆6

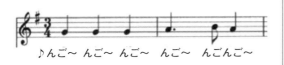
♪んご～　んご～　んご～　んご～　んごんご～

T：「RO」歌い　☆7
　　2回目、後半8小節は「RO」で歌う。

❸ **歌う**　コマ3以降　2分×毎時間
8小節ずつ、歌い方を変えて歌う。

1回目前半8小節	→	ハミング
1回目後半8小節	→	口を開いたハミング
2回目前半8小節	→	ンゴ歌い
2回目後半8小節	→	RO歌い

❹ **歌詞で歌う**　コマ3以降　1分
「ふるさと」は6年生の共通教材である。6年生では歌詞も入れて歌う。
　本来の歌詞が3番まであるので、CDを使う場合は、1番、2番でハミング～RO歌い、3番だけ歌詞で歌うのもよい。

❺ **他の曲で歌う**
「ふるさと」のように跳躍音程が少なく、ゆったりした曲がオススメである。
　　例　「もみじ」
　　　　「ゆうやけこやけ」

★どの子も歌う!!
ユニバーサルポイント★

☆4　ハミング歌いのポイント
　【口の中】つぶれた状態。
　「つばをごくんと飲みこんで」
　【響かせる場所】
　　鼻の付け根部分。
　付け根部分に人差し指を置き、「この辺りがビリビリするような感じだよ」と教える。
☆5　ハミング歌いから口を開くとハミングが「♪Ａ－」になってしまう子には、「つばをごくんと飲みこんで」と指示し、のどが開いていない状態に戻す。
☆6　口を開いたハミングから少しだけのどを開けるイメージで歌うとよい。
☆7　「こいのぼりの口」の形で歌う。

【丸山美香】

声づくり4
―唱歌で作ろう!! 歌う声〜鯉のぼりの口編―

教材:「ふじ山」　対象学年:小学3年生
所要時間:4コマ計画　@5分×3コマ・@10分×1コマ
準備物:音源・写真
場所:教室または音楽室

❶ 「ふじ山」が歌えるようになるまで　コマ1:3分間
【コマ1】新曲歌唱指導の要領で旋律を歌えるようにする。

――★どの子も歌う!! ユニバーサルポイント★――
1 範唱を聴かせる時、航空写真の富士山を見せ、歌詞の意味がわかるようにする。
2 追い歌いする時に、手で雲の位置を示し、下から富士山を見上げている様子を感じ取らせる。

❷ 無理のない響きのある声で歌う　コマ2・3:各5分間
【コマ2】

| 学習開始　無理のない響きのある声で歌う。 |

| 提示　無理しなくても地上から富士山のてっぺんに届きそうな声にします。 |

| 提示　「鯉のぼりの口」唇を鼻の先にくっつくくらいに突き出します。 |
☆1

| 指示　まねします(「四方の山を見下ろして」の旋律をロロロで歌う)。 |
NO　☆2

まねして歌う
YES

| 指示　曲の始まりからロロロで歌います。低い音は優しく。 |
☆3　NO

ロロロで歌う

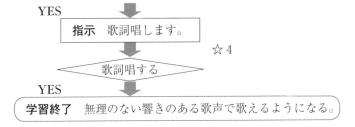

【コマ3】「ロロロ歌い」から始め、2番の歌詞で歌う。
「雪の」の部分が1番「山を」に比べて歌いづらい。
T：雪の積もった静かな様子を思い浮かべてごらんなさい。
この指示を加えると、声量が抑えられ、喉に負担がかからない。

── ★どの子も歌う‼ ユニバーサルポイント★ ──

☆1　上唇と下唇をそれぞれ手でつまみ、鳥の嘴のような形を作って見せる。
☆2　笑顔でよい口の形をしていると、声量はなくても将来響く声になる。
☆3　高い音域の口の大きさだと、乱暴な声になることがある。
　　「雨上がりの静かな感じが伝わるように歌ってごらん」と指示したり、ほんの少し口をすぼませるようにすると響きを感じながら歌うことができる。
☆4　ア行は口が広がり過ぎ、イ行は鋭い声になりやすい。極端に口径を変えず、笑顔＋「オ」に近い口径で歌わせる。言葉の明瞭さは別の機会に指導するよう、踏ん切る。

エ行の口の形

❸　**発表会をする**　コマ4　5〜10分間
グループ、ペア、ソロなどで歌わせ、聴き合う機会をつくる。☆5
聴き手は「○○な富士山」という表現を使い、どのように感じたかを伝える。☆6

── ★どの子も歌う‼ ユニバーサルポイント★ ──

☆5　できる限りソロで歌わせたいが、実態に応じ、無理のない編成で取り組ませる。また、1番だけ、2番だけ、リレー唱（1人1フレーズ程度歌い、何人もで1曲を歌う方法）など、短時間で済ませられる方法を取ることも考えられる。
☆6　考えられる形容詞や表現を一覧にし、「お助けシート」として準備する。よい表現をもらった歌い手は励みになり、聴き手には鑑賞の力がつく。

42 合唱はじめの一歩1
―中学年から始める合唱～パートナーソング―

パートナーソングは、違った2曲を同時に歌い合わせる。合唱練習はじめの一歩だ。肩たたきをしながら、1曲目を歌う。拍の流れに乗ることができるので、違った曲を歌い合わせてもぴったりと歌い合わせることができる。

教材:「どんぐりころころ」「夕やけこやけ」　対象学年:中学年
所要時間:5コマ計画　@3分×3コマ・@5分×2コマ
準備物:なし　場所:教室または音楽室

---

❶「パートナーソング」を楽しむ　コマ1・2・3：@3分

ステップ1：肩たたき　コマ1

```
1・2・3・4・5・6・7・8  →  1・2・3・4・5・6・7・8
          1・2・3・4  →  1・2・3・4
              1・2  →  1・2
                1  →  1
              ぽん！
```
（胸の前で手を打つ）

☆1☆2

ステップ2：どんぐりころころ　コマ2
T：みんなは肩たたき、先生は歌。
T：一緒にはい！　どんぐり～♪。
※肩たたきをしながら歌う。
☆2
T：みんなだけ！☆3

ステップ3：夕やけこやけ　コマ3
T：みんなはどんぐり、先生は違う歌。☆4
T：一緒にはい！　夕やけ～♪。
T：みんなは「夕やけ」先生は「どんぐり」
T：「どんぐり」「夕やけ」123ハイ！☆5

T：交代。　T：好きなほう。

★どの子も歌う!! ユニバーサルポイント★

☆1　これでテンポを確定！「みんなができること」をさせ、「おおいにほめる」。
☆2　教師が一緒にやることで、まねをしてできるようにする。
☆3　肩たたき→肩たたきと歌（まね）→肩たたきと歌（子どもだけ）のスモールステップでいつの間にかできるようにする。
☆4　指示は拍にのって短く言う。音楽の流れを切らない。
☆5　クラスを半分ずつ。チーム分けは手で示す。

Ⅳ 楽しい!! ノンストレスの合唱指導

❷ 「パートナーソング」レベルアップ　コマ4・5：@5分

ステップ4：〈どなり声から声を合わせる歌い方へ〉　コマ4

T：半分より前の人、歌います。後で、「分かったこと」「気づいたこと」「思ったこと」を聞くよ。☆6

※〈どんぐりチーム〉〈夕やけチーム〉のそれぞれの前半分を立たせて歌わせる。

T：指名なし発表。だれからでもいいですからどうぞ。☆7

※指名なし発表ができる場合は、これでOK。できない場合は、教師が指名する。怒鳴り声や、一方の歌声が大きかった等の意見が出た場合は、「どうしたらいいかな？」と問い返す。
「2つの曲がちょうどよく聴こえるといい」などの意見が出るとよい。

ステップ5：〈少人数でも自信をもって歌う歌い方へ〉　コマ5

T：お散歩しながら歌います。☆8

※自分とは違う曲を歌っている友だちとすれ違った時にも自分の曲が歌えていればよい。

T：〈どんぐりチーム〉と〈夕やけチーム〉で2人組になりましょう。向かい合って歌います。

※2回目、3回目とペアを変えることにより、楽しく、無理なく、繰り返し聴き合う活動ができる。

・曲の組み合わせ

例
「春がきた」＋「かえるの合唱」
「メリーさんのひつじ」＋「ロンドン橋」
「春がきた」＋「ゆき」

★どの子も歌う!!
ユニバーサルポイント★

☆6　「後で『分かったこと』等を聞くよ」と言っておくことで、集中して聴くようになる。

☆7　友だちの意見と同じでもよいから、必ず言わせるようにすると、どんな歌い方がよいのか自覚できるようになる。

☆8　拍に合わせて歩かせることにより、同じ拍の流れの中で2曲が歌い合わせられていることを体感できる。

【相浦ゆかり】

合唱はじめの一歩2
―中学年から始める合唱～輪唱「ゆうやけこやけ」―

少しずつずれて歌いだす輪唱は、パートナーソングの次に取り組む。

教材：「ゆうやけこやけ」中村雨虹作詞／草川信作曲　対象学年：3年
所要時間：5コマ計画@5分×4コマ　　準備物：なし　　場所：教室、音楽室

❶「ゆうやけこやけ」が輪唱で歌えるようになるまで　コマ1：5分

| 学習開始　新曲　歌唱指導「ゆうやけこやけ」を歌う。 |

| 指示　「ゆうやけこやけ」を歌えるようになります。 |

| 指示　範唱を聴きます（全曲）。 |

| T：まねします。①「ゆうやけこやけで」②「ひがくれて」③「山のお寺の」④「かねがなる」⑤「おててつないで」⑥「みなかえろ」⑦「からすといっしょに」⑧「かえりましょう」まねして歌えるようになる。　　　　　　　☆1 |

| T：まねします。長くなるよ。①②「ゆうやけこやけでひがくれて」③④「山のお寺のかねがなる」⑤⑥「おててつないでみなかえろう」⑦⑧「からすといっしょにかえりましょう」 |

☆1☆2☆3

| 提示　先生が後を追いかけます。つられないでね。（輪唱）
C：♪ゆうやけこやけで　ひがくれて　山のお寺の　かねがなる
　　　　　　　　　T：ゆうやけこやけで　ひがくれて |

| 学習終了　「ゆうやけこやけ」が歌える。 |

―★どの子も歌う‼ユニバーサルポイント★―
☆1　アカペラで歌って聴かせてまねさせる。

Ⅳ 楽しい!! ノンストレスの合唱指導　95

❷ 発展　子どもの指揮で輪唱　コマ２：５分　コマ３・４：５分

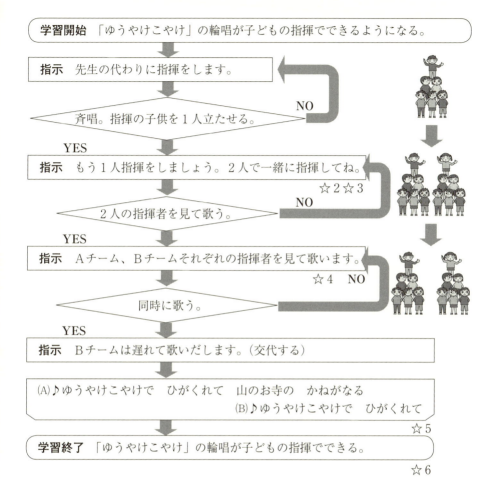

学習開始　「ゆうやけこやけ」の輪唱が子どもの指揮でできるようになる。

指示　先生の代わりに指揮をします。

斉唱。指揮の子供を１人立たせる。　NO

YES

指示　もう１人指揮をしましょう。２人で一緒に指揮してね。
☆２☆３

２人の指揮者を見て歌う。　NO

YES

指示　Ａチーム、Ｂチームそれぞれの指揮者を見て歌います。
☆４　NO

同時に歌う。

YES

指示　Ｂチームは遅れて歌いだします。（交代する）

(A)♪ゆうやけこやけで　ひがくれて　山のお寺の　かねがなる
　　　　　　　　　(B)♪ゆうやけこやけで　ひがくれて
☆５

学習終了　「ゆうやけこやけ」の輪唱が子どもの指揮でできる。
☆６

─★どの子も輪唱できるための!!　ユニバーサルポイント★─
☆２　２人が息を合わせて指揮できるようにする。
☆３　２人の指揮を見て歌うようにする。
☆４　それぞれの指揮を見て歌えるようにする。
☆５　繰り返し歌い、音の重なりを感じ取るようにする。
☆６　できるようになったら、指揮者を変えたり、２部から３部に分けたりする。

（元実践：「楽しく輪唱しよう」前田周子　TOSSランド No:9422654）

【吉川たえ】

44 合唱はじめの一歩3
―中学年から始める合唱〜輪唱「ほたるこい」―

歌を聴いただけでは覚えられない子も、歌詞に合わせた振り付けをするだけで覚えるスピードがあがる。輪唱は、もとの歌をきちんと歌えることが成功の鍵になる。

教材：「ほたるこい」
対象学年：中学年以上（簡単な輪唱であれば２年生でも可）
所要時間：３コマ計画　＠５分×３コマ
準備物：なし
場所：教室または音楽室

❶ 「ほたるこい」の輪唱が歌えるようになるまで

コマ１、２：５分

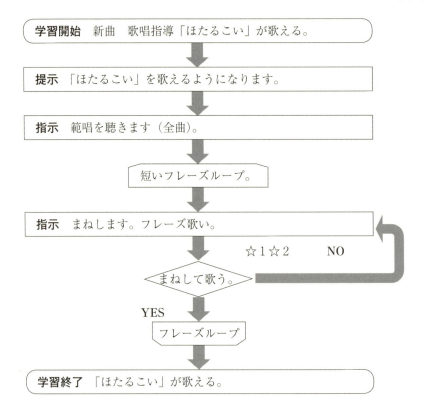

学習開始　新曲　歌唱指導「ほたるこい」が歌える。

↓

提示　「ほたるこい」を歌えるようになります。

↓

指示　範唱を聴きます（全曲）。

↓

短いフレーズループ。

↓

指示　まねします。フレーズ歌い。

☆1☆2　　NO

まねして歌う。

YES

フレーズループ

学習終了　「ほたるこい」が歌える。

┌─ ★どの子も歌う!! ユニバーサルポイント★ ─┐
☆1 「ほ ほ ほたるこい」では、呼びかけのポーズをして歌う。
☆2 「あっちの水は〜」「こっちの水〜」遠く、近くも振り付けをして歌わせる
　　とすぐに覚える。
☆3 後から入るBチームが歌いにくい。Aチームの様子を見ながら、Bチーム
　　と一緒に歌う。安心して歌えるようになる。

❷輪唱基本編　コマ2：5分
T：輪唱します。
T：Aチームが先にスタートします。
T：Bチームは後から歌い出します。☆3☆4
A：ほほほたるこい……
　　　　　　B｜ほほほたるこい

❸　輪唱レベルアップ編　コマ3：5分
　㋐
　A｜ほほ｜ほたるこい……
　　　B｜ほ　　ほ　　ほたる…

　㋑
　A｜ほ｜ほほたるこい……
　　B｜ほほ　　ほたるこい…

　㋒　ABCD4つのグループに分かれて輪唱。☆5
　A　ほほほたるこい……
　B　　ほほ　　ほたるこい……
　C　　　ほ　　ほ　　ほたる…
　D　　　　　ほ　　ほ…

┌─ ★どの子も歌う!! ユニバーサルポイント★ ─┐
☆4 後から入るチームが歌いにくい。Bチームのそばで一緒に歌ってあげると
　　自信がつく。
☆5 始めの「ほ」のタイミングを、教師が明確に指示を出す。

【小林千草】

合唱はじめの一歩4
―メロディーを覚えると、ハモりも素敵になる―

まずは主旋律をしっかりと歌えるようにする。合唱練習は、ここから始まる。

教材：「もみじ」　対象学年：4年
所要時間：5コマ計画　＠5分×3コマ・＠10分×2コマ
準備物：音源（CD プレーヤーまたは iPad とワイヤレススピーカー）
場所：教室または音楽室

---

❶ 「もみじ」の1番を覚える　コマ1：5分間

| 学習開始　新曲「もみじ」の1番を覚える。 |

| 指示　3回練習します。
1回め…声を出さないで聞きます。
2回め…お隣さんにだけ聞こえる声で歌います。
3回め…教室に声を響かせて歌います。 |

図1

一　秋の夕日に
　　てる山もみじ
二　濃いも薄いも
　　数ある中に
三　松を彩る
　　かえでやつたは
四　山のふもとの
　　すそもよう

| 指示　「たけのこ歌い」をします。歌いたい場所を選びます。
1　1つだけ選んで（図1参照）立って歌います。遅れないように立ちます。
2　2つ選びます。　3　3つ以上選びます。全部歌ってもOKです。 |

| 学習終了　「もみじ」の1番を覚えて歌える。 |

★どの子も歌う‼ ユニバーサルポイント★
1　何度も聞いて耳から覚える。いつの間にか何回も歌って歌を覚えてしまう。

❷ 下のパート（前半）を覚える　コマ2：10分間

| T：先生と輪唱します。先生が後から歌います。
　♪濃いも　うすいも　まで歌います。 |

| T：先生が先、みんなは後から歌います。 |

| T：♪濃いも　うすいも　数ある中に　を練習します。 |

全員で　→　1人で　→　NO　教師が上パート、児童が下パートで合唱をする。

Ⅳ 楽しい!! ノンストレスの合唱指導　99

❸ **下のパート（後半）を覚える**　コマ３：10分間

| T：先生のあとについて歌いましょう。 |

♪松を彩る　かえでや　つたは　　　♪山のふもとの　すそもよう

| T：「♪山のふもとの」の練習をします。 |

教師が上パート、児童が下パートで合唱をする。

―― ★どの子も歌う‼ ユニバーサルポイント★ ――
1　範唱を聞いて覚えるので、楽譜に階名を振らなくても歌えるようになる。
2　ひとり歌いで必ずほめるシステムをつくることで、自信を持って歌えるようになる。

❹ **二部合唱に慣れる**　コマ４：５分間

| T：下パートのおさらいをします。 |
　　　↓
| T：２つに分かれて合唱します。 |

○先生と児童で。○男子と女子で。
○教室の右側と左側で。
○好きなパートを選んで。

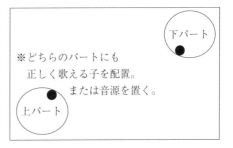

※どちらのパートにも
　正しく歌える子を配置。
　または音源を置く。

| 「もみじ」の二部合唱ができる。どちらのパートでも歌える。 |

―― ★どの子も歌う‼ ユニバーサルポイント★ ――
1　背中合わせで合唱することで、相手の口の動きや声などの視覚・聴覚情報が緩和される。
2　変化のある繰り返しで何度も歌うので、飽きずに練習できる。
3　自分でパートを選んで歌うことができる。

【中越正美】

46 ちょこっとハモり１
―主旋律を覚えて歌えるようにしておく！―

歌えるようになったら、ワンフレーズだけハモる。毎時間取り入れると力がつく。

教材：「Believe」　対象学年：５年
所要時間：２コマ計画　＠３分×２コマ
準備物：音源　iPadが便利
場所：教室または音楽室

iPad iPhone アプリ
Slow Player
範囲を決めて繰り返し再生できるアプリ

❶　「Believe」♪今未来の〜あけるときの部分をちょこっとハモり
①アルトパートが歌える　コマ１：＠３分

アルトパートマスターループ
アルトパートが歌える。
　↓
教師がアカペラで歌って聴かせまねさせる。
　↓
アルトパートが歌える。
　↓
アルトパートを歌う。

繰り返して、何度も歌おう。
☆２

T：まねします。
♪今未来の〜〜
☆１

★どの子も歌う‼　ユニバーサルポイント★

☆１　教師は、アカペラで歌って聴かせまねさせる。
　　　長いフレーズは扱わない。
　　　♪今未来の〜あけるとき♪限定４小節
☆２　限定４小節。繰り返し練習。
　　　覚えて歌えるようになるまで繰り返す。
☆３　教師は一カ所に留まらず、子どもの間を巡って
　　　一緒に歌う。
　　　①困っている子の側で歌う。
　　　②さりげなく歌う。
　　　③大げさにしない。
　　　右のふきだしのような声掛けも嫌がる子がいる。

う〜〜
うまく
歌えない

T：大丈夫。
一緒に歌おう。
☆３

Ⅳ 楽しい!! ノンストレスの合唱指導　101

②ソプラノパートと合わせる　コマ2：@3分
T：全員でアルトパートを歌います。☆4
　♪今未来の〜あけるとき限定4小節を、教師がリードをとる。
T：先生が邪魔（ソプラノパートを歌う）をします。☆5
　声がそろってきたら、教師が弱い声でソプラノパートを重ねる。
　徐々に声を強め、アルトパートとソプラノパートの旋律の重なりを体感させる。
T：先生1人だとみんなに負けそうです。応援お願いします。☆6
　ランダムに選んだ2〜3人を、ソプラノパートに引きこむ。
T：応援団を増やします。　☆7
　アルトパートから、新たに数人をソプラノパートに入れる。同様にして、少しずつソプラノパートを増やしていく。ほぼ同数になるまで繰り返す。

―――★どの子も歌う!!　ユニバーサルポイント★―――
☆4　全体を巻き込むいきおいで、教師は力強く歌う。
☆5　予告を入れる。「邪魔します」の一言で、混乱が起きない。
　　様子を見ながら、徐々に声量を増やす。
☆6　アルトパートが苦手そうな子を選ぶ。
　　うまく歌えなくて心がしずんでいる時、「応援」の言葉が効く。
☆7　教師と一緒にソプラノパートを歌っている子に、新たな応援団を探させるのもよい。

❷　ちょこっとハモりまでに〜主旋律を覚えて歌えるようにしておく〜
　　　　　　　　　　　　　　　　　　　　　　　　　　コマ1：5分

```
┌─────────────┐
│ 新曲マスタールーブ │
│ 旋律を覚えて歌う。 │
└─────────────┘
        ↓
┌─────────────┐
│ 3回 CD を流す。☆8 │
│ ①聴く           │
│ ②弱い声で歌う    │
│ ③大きな声で歌う   │
└─────────────┘
        ↓
┌─────────────┐
│ 新曲が歌える。    │
└─────────────┘
        ↓
┌─────────────┐
│ 新曲を歌う。     │
└─────────────┘
```

―――★どの子も歌う!!　ユニバーサルポイント★―――
☆8　新曲指導システム（河原木孝浩氏追試）
T：新曲紹介。聴きます。歌いません。
　楽譜は見せない。聴くことに集中させる。
T：歌える子は、弱い声で歌います。
　楽譜を見ながら歌わせる。
　自信が無い子は、もう一度聴かせる。
T：間違えてもいいから、大きな声で歌います。

❸　歌を覚えて歌う　コマ2：5分
　「歌を覚えたら座って（立って）歌います」「フレーズごとに交代」「好きなフレーズだけ」など変化のある繰り返しで楽しく覚える。

【関根朋子】

ちょこっとハモり2
―曲の一部分だけをハモろう―3部合唱―

曲の一部分を取り出しハーモニーを感じる。取り出した後、再度合唱した時に、再発見がある。部分的にでも音楽が聞ければ、やがて、他の場面でも音楽をサウンドとしてとらえることができるようになる。

所要時間：＠5分×5コマ　　準備物：音源　　場所：教室または音楽室

❶ 「Michael, Row the Boat Ashore」　コマ1・コマ2：5分間

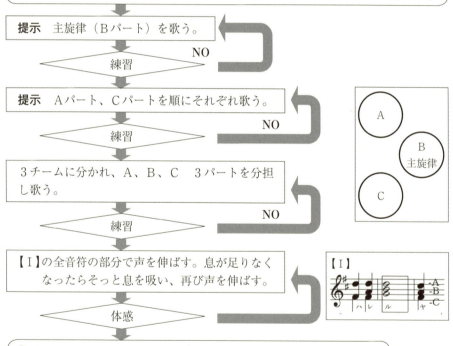

★どの子も歌う!!　ユニバーサルポイント★

1　アカペラで歌って聴かせてまねさせる。
2　自信のない子は主旋律パートを担当させる。
3　相手の響きをよく聴いて歌わせる。

Ⅳ 楽しい!! ノンストレスの合唱指導

❷ 「Michael, Row the Boat Ashore」 コマ3・コマ4：5分間

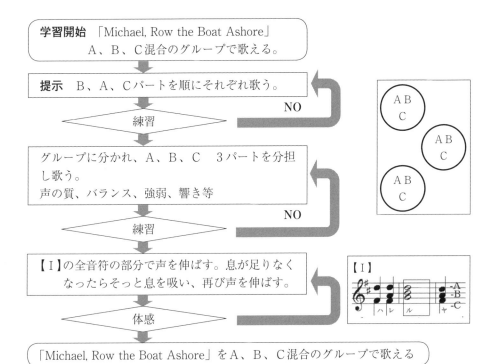

―――――――★どの子も歌う!! ユニバーサルポイント★―――――――
1　自信のない子にはB（主旋律）パートを担当させる。
2　つられないよう同じパート担当が集まり、つられず歌えるようにする。
3　笑顔で楽しく進める（つられて歌う仲間を責めない）。

❸　グループごとの演奏を聴き合う　コマ5：5分
　練習の成果を披露し、気付いた点を発表する。
　バランスや声の響きなど、客観的に捉えやすいので、聴き合った後は、自主的に修正する班が多く見られる

―――――――★どの子も歌う!! ユニバーサルポイント★―――――――
4　普段から一人一人が歌う機会を設け、個々の良さを褒め認め、歌うことへの
　抵抗を減らしておく。

【中越正美】

48 音楽会：合唱練習の進め方1
―練習開始までの準備とオススメ曲―

音楽会の半年前から、準備を始める。2学期に行われるのなら、4月から始めたい。音楽の授業開きで語り、その気にさせ、一気に「発声体操」や「声づくり」を始めてしまう。ハモる声をつくるのだ。6月末には曲を決め、音楽会練習が始まる。

教材：音楽会で歌う合唱曲	対象学年：中学年・高学年
所要時間：声作り毎授業時間5～10分	場所：教室または音楽室

❶ 黄金の3日間　音楽会の準備

「語り」☆1
　↓
「発声体操」☆2
　↓
「声作り」☆3

授業開きでの「語り」【例】
　学校の代表として、音楽会に出場します。ほかの学年の人は、出たいと言っても出ることができません。毎年、5年生が出ると決まっているからです。
　今の6年生も、去年出ました。立派でした。その前の学年も同じです。〇〇小学校は、ずっと5年生が代表を務めているのです。さぁ、あなたたちの出番です。がんばりましょう。

★どの子も歌う‼ ユニバーサルポイント★

☆1　短く端的に、「学校の代表」をキーワードにして語る。音楽会への気持ちを盛り上げる。

☆2　「学校の代表を立派につとめあげる」気になっている時だからこそ、やんちゃ君もやんちゃさんも、巻きこめる。肩たたきなどのふれあい活動が、心を安定させる。

☆3　「発声体操」後、間髪を入れずに「声作り」に入る。
　※「声作り」の一例：裏声で言ってみせて、まねさせる。
　※「発声体操」（横崎剛志氏『発声体操』p.84参照）

❷ 第2時から　音楽会の準備～常時活動として、音楽会が終わっても続けたい～

「発声体操」
「声作り」ほめあいごっこ
　↓
「ちょこっとハモり」輪唱

ほめあいごっこ【例】
　2人組で向かい合う。教師が言うことばをそっくりそのまま歌声でまねさせる。「こんにちは～～」「今日もかわいいね」「あら～～あなたこそかっこいいわよ」
（坂本かおる氏の『歌声で生活』修正追試）

Ⅳ 楽しい!! ノンストレスの合唱指導　105

段階	※2つのパートで輪唱～後発隊がスタートするタイミング～「ゆうやけこやけ」	
1段階	先発	♪ゆうやけこやけで日が暮れて・・・
	後発	♪ゆうやけこやけで日が暮れて・
2段階	先発	♪ゆうやけこやけで日が暮れて・・・
	後発	♪ゆうやけこやけで日が暮れて・・・
3段階	先発	♪ゆうやけこやけで日が暮れて・・・
	後発	♪ゆうやけこやけで日が暮れて・・・

❸ 6月～1学期末　音楽会の準備

選曲　6月
↓
主旋律が覚えて歌える

　10月～11月に音楽会があるとしたら、この時期には曲を決めておきたい。☆4☆5
　※ピアノ伴奏者は、夏休み前までに決定する。
　1学期末には、主旋律を覚えて歌えるようにしておきたい。☆6

──★どの子も歌う!! ユニバーサルポイント★──
☆4　教師は何度も聴いて、自分で何度も歌ってみる。
　　　子どもたちが躓く難ポイントがわかる。
☆5　毎授業時間10分のコマを12回ほどの計画で進める。
　　　短い時間、集中した練習の積み重ねで、どの子も歌えるようにしていく。
☆6　1学期末に、どの子も主旋律を覚えて歌えるようにしておけば、どの子もノンストレスで合唱に取り組むことができる。

❹ 夏休み中　音楽会の準備　パート譜・各パート音源などを準備する。☆7

──★どの子も歌う!! ユニバーサルポイント★──
☆7　パート譜：「自分はどこを歌うのか」が一目でわかる工夫をする。
　　　各パート音源：パート練習を、子どもたちに任せる時に使う。

❺ どの子も夢中になって取り組むオススメ合唱曲
　普段の曲より「ちょっとだけがんばる曲」を選ぶことで、指導者側も指導される側の子どもたちも、ノンストレスで楽しく練習を進めることができる。

中学年向き		高学年向き	
ありがとう	松任谷正夫作詞：松井孝夫作曲	つばさをだいて	海野洋司作詞：橋本祥路作曲
いつだって	若松　歓：作詞作曲	広い世界へ	高木あきこ作詞：橋本祥路作曲
少年少女冒険隊	柚　梨太郎：作詞作曲	COSMOS	ミマス：作詞作曲
パームパーム	美鈴こゆき：作詞作曲	おーい海	山川啓介作詞：山本直純作曲
ハッピーメロディー	美鈴こゆき：作詞作曲	ごまめ	工藤直子作詞：長谷部匡俊作曲

【中越正美】

音楽会：合唱練習の進め方2
―各パートの歌わせ方―

　最初から最後まで、教師主導で合唱練習を進めることは、教師にとっても子どもたちにとってもストレスがたまる。子どもたちは、練習方法を選び、めあてに向かって自主的に練習する。活動する。教師は、それをサポートしていく。

❶　旋律（ソプラノパート）が覚えて歌える

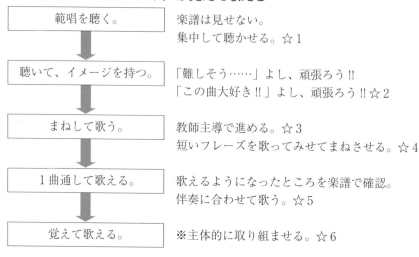

範唱を聴く。	楽譜は見せない。 集中して聴かせる。☆1
聴いて、イメージを持つ。	「難しそう……」よし、頑張ろう!! 「この曲大好き!!」よし、頑張ろう!!☆2
まねして歌う。	教師主導で進める。☆3 短いフレーズを歌ってみせてまねさせる。☆4
1曲通して歌える。	歌えるようになったところを楽譜で確認。 伴奏に合わせて歌う。☆5
覚えて歌える。	※主体的に取り組ませる。☆6

※主体的な取り組み【例】
T：自分の場所を取ります。
　自分の状態を自分で判断し、自分で歌う場所を決める。
　選択肢（①～③）は、具体的に提示する。自分がどの状態か、判断に困ることがないようにする。
①1人で歌う自信がない子は、スピーカーの傍で旋律に耳を傾けながら歌う。
②だいたい歌える子は、教室の真ん中あたりで覚えて歌えるようになることを目指す。

このあたりで歌う

③覚えて歌えるようになったら、教室後方より前方に向かって歌う。
　※この子たちの歌声は、まだ十分歌えない子への応援となる。

★どの子も歌う‼ ユニバーサルポイント★
☆1　長い曲を、一気に聴かされることが苦手な子がいる。いくつかに分割して聴かせる、一部分だけ歌えるようにしてそこだけ一緒に歌わせる、身体活動から入る（中学年向き）などの工夫をする。
☆2　ポジティブシンキング。前向きに捉えさせる。
☆3　教えることは、教える。　☆4　長くなると覚えきれない子がいる。
☆5　伴奏だけで歌いにくいようなら、主旋律を入れる。
☆6　練習方法を自分で選ぶ。この工夫で、子どもたちはやる気になる。動きが入るので、歌うだけの活動が苦手な子が救われる。

❷　楽しく習熟

音楽会で歌う。そのためには、何度も練習を重ねていく。主旋律が完璧に歌えてこそ、美しい合唱に仕上がっていく。

⑴練習スタイルを選ぶ
①向かい合って歌う：まだ十分に自信がない時。友だちの声と歌い合わせることで、自信がつく。
②横並びで歌う：友だちと一緒に歌って、自信がでてきた時。1人でも大丈夫かどうか見極められる。
③円陣を組んで歌う：声が円の中央に集まるので、自分の歌声を修正できる。

⑵歌い方の工夫を選ぶ
長い練習期間（6月から7月まで。＠10分×12コマ程度）歌い込むうちに、曲想を感じ取り歌い方の工夫をしてみたくなる。曲の始まり、曲の山、曲の終わり方の3ポイントに絞り、子どもたちに歌い方の工夫をさせる。友だちが歌うのを聴き、自分の表現や思いと比較し、その良さに気付いて歌い方を修正していく。

【例】「つばさをください」
T：曲の感じががらっと変わるところは？　　C：♪この大空に〜です。
T：がらっと変わるところから、歌い方の工夫をします。
　　前半は、なめらかな感じがする。ひとつひとつの言葉や長く伸ばす音を丁寧に歌いたい。後半は、一気に音が高くなって、弾む感じがする。大空に飛び立つようだ。細かいリズムと長く伸ばす音の対比で、より一層弾む感じを出していきたい。など。

❸　副旋律（アルトパート）が歌える

ごく短いフレーズを歌って聴かせまねさせる。歌えるようになった部分だけ、ソプラノパートを重ねる。その繰り返しで、全体を仕上げていく。ソプラノとアルトは、少しずつ混ぜ合わせるように、重ねていくとよい。

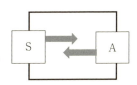

【関根朋子】

50 音楽会：合唱練習の進め方3
―普段の授業がここで効く！いつのまにかハモってる―

「息を流す」「相手の声を聴く」「響く声で歌う」これらを、普段から子どもが意識することで、歌声は大きく変わる。帯で毎日少しずつ、普段の授業でこれらの素地を積み重ねていく。

所要時間：コマ1・コマ2・コマ4　＠5分×16コマ　コマ3＠10分×1コマ
準備物：パート別音源　　場所：教室または音楽室

❶　**発声体操**（横崎剛志氏 p.84～）コマ1×10
❷　**五度五度遊び**（坂本かおる氏）コマ2×4
　6～10名程度のグループに分け、活動する。
(1)「ろ――（1点トの音＝ソ）」と1番（右図）から順に伸ばす。隣と同じ音が出せていればよい。息は一息で伸ばせるところまで伸ばす。
(2)「ろ――（2点ニの音＝レ）」と1番から順に伸ばしていく。
　隣と同じ音が出ていればよい。鯉のぼりの口で、響きがあれば、なおよい。
(3)1番「ろ――（ソ）」、2番「ろ――（レ）」、3番「ろ――（ソ）」、4番「ろ――（レ）」。「ソ」と「レ」が互い違いに響き、これだけで美しいハーモニーとなる。☆1
　心地よい響きを体感し、違和感に気づけるようにする。
(4)1グループに「夕焼け小焼け」「トンボのめがね」を歌わせるとさらに美しく響く。

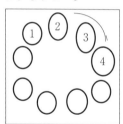

❸　**「夢の世界を」**　コマ3：10分間　☆2☆3

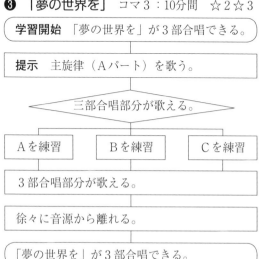

IV 楽しい!! ノンストレスの合唱指導 109

❹ 少しずつ音源から離れていくイメージ ☆4

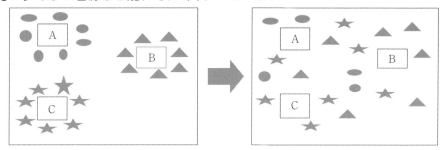

─────★どの子も歌う‼ ユニバーサルポイント★─────
☆1　２つの声を重ね合わせる簡単なものからスタートする。
☆2　部分的に３部合唱になっている、音の重なりがわかりやすい曲を選ぶ。
☆3　音取りは、中間パートだけはキーボードで取れるよう、予め練習を依頼する。教師はＣパート（低音）の音取りを担当する。
☆4　歌えるようになったら、音源から少しずつ離れていく。こうすることでいつのまにかハモった状態で歌うことができる。

❺ 「夢の世界を」でハモリ体験　コマ４×２

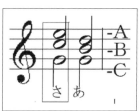

(1) T：「さ」の音を長く伸ばします。☆5
　　　Ｃ、Ｂ、Ａの順に音を重ねます。
　　　Ｃ！（さー）Ｂ！（さー）Ａ！（さー）
　　　さんはい！（さー）（３パート同時に音を出す）
(2) T：「さ」の音をできるだけ長く伸ばします。苦しくなったら息をそっと吸って、またすぐに長く音を伸ばします。☆6
(3) T：「さ　あ」と歌います。
　　　Ａ　さ　あ（ミレの音で）（声を出させる）
　　　Ｂ　さ　あ（ドシの音で）（声を出させる）
　　　Ｃ　さ　あ（ソソの音で）（声を出させる）
　　　出だしの音（ソドミ）を出させた後に、「さーあー」とハモらせ、響きを感じさせる。☆7

─────★どの子も歌う‼ ユニバーサルポイント★─────
☆5　ハモる部分を限定し、響きを体感させる。
☆6　息継をしながら長く音を伸ばすことで、どの子も響きを感じることができる。同時に、自分の歌声を全体に合わせることができる。
☆7　響きが感じられるようになってきたら、フレーズで歌い、響きの変化を体感する。

【小室亜紀子】

音楽会：合唱練習の進め方4
―どの子も巻き込む練習の進め方―

教材：「大切なもの」山崎朋子作詞・作曲

対象学年：高学年

所要時間：コマ1：10分　コマ2：5分　コマ3：5分　コマ4：10分
　　　　　コマ5：10分

準備物：CD

事前準備(1)リーダーの決定
　　　　(2)音取り担当者の決定（1週間ほど練習期間をとれるようにしておく。）

「大切なもの」二部合唱の進め方

　　ソプラノパート（主旋律）を覚える。コマ1：10分
　　　　↓
　　アルトパート（サビ部分）を覚える。コマ2：5分　　　　← アルトパートは2回
　　　　↓　　　　　　　　　　　　　　　　　　　　　　　　　にわけて練習。
　　アルトパート（Bメロ部分）を覚える。コマ3：5分
　　　　↓
　　コーナー学習　コマ4：10分　　← 全員が両方のパートを歌えるようにする。
　　　　↓　パート決定　　　　　　　自分の歌いやすいパートを見つける。
　　パート練習・二部合唱　コマ5：10分

❶ コーナー学習

| ソプラノとアルト、どちらも歌えるようにします。 |

【コーナー学習】　練習したいパートを4つの中から選び、その場所で歌う。☆1

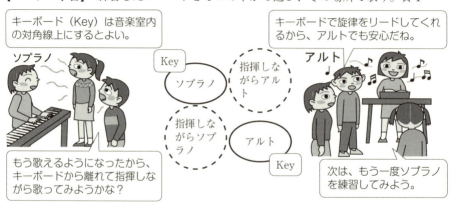

Ⅳ 楽しい!! ノンストレスの合唱指導

―★どの子も歌う!! ユニバーサルポイント★―

☆1　伴奏CDは流し続け、前奏の間に移動したい子は移動する。
　　パートの場所には音とり担当者（キーボードか鍵盤ハーモニカでそのパートの音をとってもらう）がいるので、そのまわりで歌う。
　　自信がついてきた子は、キーボードから離れ、指揮をしながら歌ってみる。

❷ パート練習・二部合唱　コマ5：10分

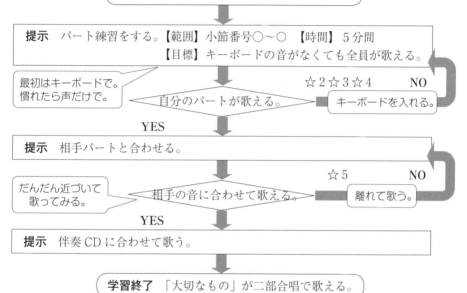

―★どの子も歌う!! ユニバーサルポイント★―

☆2　音楽室内の離れた場所で練習する。伴奏CDの該当箇所を流し続け、それに合わせてキーボードで旋律をリードする。練習条件を明確にしておく。
☆3　リーダーの役割は、歌いだしのタイミングをとること、円陣の中に入りお手本になること、時間の確認や達成状況の判断をすることである。
☆4　音がとれる子と音をとるのが苦手な子がいるので、とれる子が苦手な子の間に入るようにリーダーに指示しておく。
☆5　相手パートが練習しているそばで自分たちのパートを小さい声で歌ってみる。歌えなかったら離れて、再びキーボードで音をとってもらい合わせる。歌えていたらさらに近づき、声のボリュームを上げていく。

【山内桜子】

52 音楽会：合唱練習の進め方5
―仕上げは、指導者の思いを入れて―

対象学年：高学年
学習時期：各パートが音を覚え、合唱がだいたいできるようになっている時期

❶ 強弱をつける　コマ：5～10分間（曲の長さによる）

学習開始　強弱のめりはりをつけて歌う。

指示　曲を聞きながら、フォルテの記号を丸で囲みます。☆1

全部でいくつありましたか　☆2

歌いながら「ここにあるね」と確認する。

指示　丸をつけたフォルテの部分は、強めに歌います。☆3

他の部分と違う強さで歌えた。　　違いがよくわからなかった。

指示　このくらい大きさを変えて歌います。☆4

学習終了　強弱のめりはりをつけて歌えるようになった。

★どの子も歌う‼ ユニバーサルポイント★

☆1　フラッシュカードで、記号の形を視覚的に示す。
☆2　数を確認することで、自分が合っているか間違っているか判断させる。
☆3　強さの種類や音楽表現はまた別に考え、最初は「他の部分より音量を増す」ことだけを求める。
☆4　ピアノ（p）でも同じように行い、他の所よりも弱く歌えるようにする。

IV　楽しい!! ノンストレスの合唱指導

❷　**表現をつける**　コマ：5〜10分間（曲の長さによる）

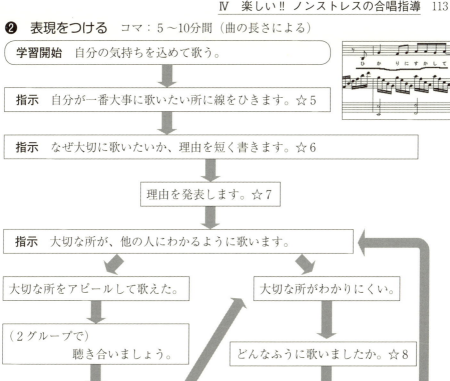

（参考文献『向山型で音楽授業』飯田清美著、明治図書）

★どの子も歌う!!　ユニバーサルポイント★

☆5　大切にしたい理由はなんでもよい。歌詞やメロディが好きだったり、ハーモニーが素敵ということもある。音楽から何かのエピソードに結びつけている場合もあるし、伴奏がかっこいいという理由もある。

☆6　「歌詞が好き」程度の長さでよい。

☆7　他の子の発表を聞いてまねて書くことができる。「何て書いたらいいか迷っている人は、まねっこしていいのですよ。よい意見は取り入れよう！」などと、まねが悪いことでないことを示す。

☆8　「ここは、こんな気持ちで歌おう」などと、全員で表現をそろえる方法もあるが、音楽に抱く気持ちはさまざまである。無理に全員の表現を揃えなくても、それぞれが大切に思っている音楽を表現できればよい。

【執筆一覧】
小嶋　悠紀　　長野市川田小学校

山内　桜子　　東京都私立校
豊田　雅子　　埼玉県熊谷市立妻沼西中学校
牛田美和子　　愛知県丹羽郡大口町立大口南小学校
中越　正美　　大阪府公立小学校
柳沢やよい　　北海道浦幌町立上浦幌中央小学校
溝端久輝子　　兵庫県加古川市立平岡小学校
飯田　清美　　石川県内灘町立白帆台小学校
丸山　美香　　奈良県公立小学校
吉尾香奈子　　大阪府泉南郡熊取町立南小学校
香川　貴子　　香川県公立小学校
川津知佳子　　千葉県佐倉市立井野小学校
川口　里佳　　神奈川県公立小学校
吉川　たえ　　埼玉県草加市立氷川小学校
千本木綾乃　　山梨県公立小学校
工藤　唯　　　静岡県公立小学校
清水　麻美　　神奈川県横浜市立千秀小学校
関根　朋子　　東京都北区立荒川小学校
高橋　賢治　　北海道登別市立富岸小学校
伊藤由紀子　　愛知県名古屋市立前山小学校
後藤　千鶴　　長野県公立小学校
石川　和美　　島根県公立小学校
河野　聖子　　千葉県公立小学校
前田　周子　　神奈川県公立小学校
永田　智子　　長崎県長崎市立村松小学校
鈴木　恭子　　神奈川県公立小学校
櫻井あかね　　公立中学校
大鳥真由香　　兵庫県神戸市公立中学校
横崎　剛志　　埼玉県公立小学校
小室亜紀子　　埼玉県小川町立大河小学校
新井　敦子　　群馬県立小学校
相浦ゆかり　　新潟県公立小学校
小林　千草　　福島県公立小学校

［編著者紹介］

関根朋子（せきね　ともこ）

中学校で音楽を教えた後、音楽専科として北区立小学校で教える。そこで小宮孝之氏（法則化）と出会う。2001年からTOSS音楽の代表を務める。2004年「ふしづくり」に出会い、岐阜県の指導主事で、16万人の子どもの音楽能力調査を行った山本弘氏らから「ふしづくり音楽システム」について学ぶ。以来、「ふしづくり音楽システム」を基本として、「子どもにつけたい音楽能力」について研究を進める。TOSS音楽が取り組んできた研究：「特別な支援を要する児童・生徒のいる学級での音楽授業の在り方に関する研究」（翔和学園とTOSS音楽による文科省委託研究）、「脳科学を生かした音楽授業」、「乳幼児期の子どもの発達と音楽」、「感覚統合と音楽」等。

中越正美（なかごし　まさみ）

元大阪府立小学校教諭

ユニバーサル音楽授業2巻
スパッと効果！どの子も歌う支援スキル

2019年1月20日　初版発行

編著者	関根朋子・中越正美
発行者	小島直人
発行所	株式会社 学芸みらい社
	〒162-0833 東京都新宿区箪笥町31 箪笥町SKビル
	電話番号 03-5227-1266
	http://www.gakugeimirai.jp/
	e-mail : info@gakugeimirai.jp
印刷所・製本所	藤原印刷株式会社
企画	樋口雅子
校正	菅　洋子
本文イラスト	げん　ゆうてん　他
装丁デザイン	小沼孝至

落丁・乱丁本は弊社宛てにお送りください。送料弊社負担でお取り替えいたします。
©Tomoko Sekine 2019 Printed in Japan
ISBN978-4-908637-92-6 C3037

☀ 学芸みらい社の音楽本

日本全国の書店や、アマゾン他のネット書店で注文・購入できます!

ユニバーサル音楽授業

音楽授業のプロ
東京都 小学校教師
関根朋子 編

- **1巻** 苦手を克服!感覚統合の音楽スキル
- **2巻** スパッと効果!どの子も歌う支援スキル

どの学級にも2・3人はいるといわれる発達障害の子どもを音楽授業に参加させるには特別支援スキルが必要!

脳科学の視点から「どの子も楽しく歌うユニバーサル音楽授業の方法」を大公開!

A5判 各130ページ
ソフトカバー

1巻 本体:2,300円　ISBN978-4-908637-91-9 C3037
2巻 本体:2,300円　ISBN978-4-908637-92-6 C3037

さすが!といわれる 合唱指導の原則
― 音楽教師がつくるステキな歌声づくりのヒント

横崎剛志 著
(埼玉県小学校校長)

A5判・ソフトカバー／180ページ／本体1800円+税　ISBN978-4-909783-00-4 C3037

「音楽」授業の新法則

企画・総監修　日本教育技術学会会長 TOSS代表　**向山洋一**

編集・執筆　TOSS「音楽」授業の新法則 編集・執筆委員会

A5判・ソフトカバー／116ページ／本体1600円+税　ISBN978-4-905374-67-1 C3037